탁월한 인재로
키워주는 **누구나**
강사 되기

탁월한 인재로
키워주는

누구나 강사 되기

송민열 지음

전문성, 프레젠테이션,
소통 능력 향상은 강의와 함께

이담 BOOKS

프롤로그

누구나 강사 되기 제안

　필자는 평범한 은행원이었다. 주로 영업 현장에서 외환, 대출, 예금 업무 등을 담당하였다. 일반 행원 시절부터 초임 대리 시절까지 나의 주된 관심사는 맡은 일을 잘 수행하면서 고객을 만족시키고 성과를 달성하는 것이었다. 여느 은행원들과 크게 다를 바가 없었다.

　그러던 나에게 인생의 큰 전환점을 마련해 준 사건이 발생했다. 본점 국제부로 발령이 나면서 강의의 세계를 접하게 된 것이다. 국제부는 은행 전체의 외환업무를 총괄하는 부서이기 때문에 외환 관련 제도, 법규, 상품 등의 출시나 변경이 있으면 이를 영업점 외환 담당자들에게 전파하기 위해 교육을 실시하였다. 외환 관련 법규를 담당하던 나에게도 가끔 강의를 할 기회가 생기게 되었다. 그러나 강의기법에 대해 기본기조차 모르는 상태로 단지 생각나는 대로 준비하여 내용을 전달하는 데에 급급하였다. 그러다 보니 강의를 마치고 난 후에도 뭔가 부족함을 느끼게 되었다. 그래서 기왕 하는 강의 잘해보자는 생각에 강의기법과 프레젠테이션 관련 서적을 여러 권 수집하여 학습하였고 이러한 학습을 통해 나름대로 강의 기본기를 갖추게 되었다. 그 후 강의 기본기를 바탕으로 강의를 준비하고 실시하는 과정에서 내 분야에 대한 전문성이 더욱 향상되었고, 프레젠테이션, 스피치 능력이 점점 나아지면서 수강생들의 반응도 좋아졌다.

이렇게 국제부에서 3년 정도 근무하고 있을 때, 연수원에서 업무 분야별로 교수요원 공모를 실시하였다. 나는 이 공모에서 선발되어 연수원 외환 및 리더십 담당 교수가 되었다. 이때부터 본격적으로 전문적인 강의 활동을 시작하게 되었다. 연수원에서의 교수 생활은 나에게 새로운 눈을 뜨게 해주었다. 교육하는 일은 정말 즐겁고 보람 있으며 가치 있는 일이라는 것을 알게 된 것이다. 마침내 평생 직업으로서 평생교육 전문가의 길을 가기로 마음을 먹고 이 분야에서의 지식 축적과 경력 관리를 위해 노력하였다.

평생교육, 리더십, 강의 및 프레젠테이션 관련 서적을 수십 권 독파하였고, 평생교육학 박사학위를 취득하였으며 평생교육사 1급 자격증도 취득하였다. 평생교육 및 인적자원개발 분야에서의 경력 관리에도 주력하여 은행연수원 교수 6년, 대전콜센터 교육팀장 2년, 평생교육 관련 정부기관 2년의 경력을 쌓았고 5년 전 독립하여 현재까지 1인 평생교육 기업가로서 활동하고 있다. 또한 대학 외래교수로서 평생교육 관련 과목을 강의하고 있다.

이렇게 약 15년 동안의 교육 및 강의 활동을 통해 많은 성공과 여러 번의 실패를 겪으면서 강의에 대한 다양한 경험과 노하우를 축적할 수 있었다. 이를 반영하여 현재 강사양성 교육프로그램을 운영해 오고 있고 이제는 보다 많은 사람들에게 강의에 대한 지식과 경험 자산을 전파하고자 한다.

끊임없이 변화하는 시대적인 흐름에 따라 기업교육과 강의에 대한 관점도 많이 변했다. 과거 집합교육을 중시하던 시대에 소수의 특정한 강사에게 의존했던 교육이 이제는 현장교육, 지식경영의 중요성이 부각됨에 따라 상사가 부하에게, 선배가 후배에게, 동료가 동료에게, 부하가 상사에게, 후배가 선배에게 서로 배우고 가르쳐야 할 시대가 되었다. 이러한 시대적 요구에 부응하기 위해서는 사원부터 사장까지 누구나 강사가 되어야 한다. 이것은 개인과 조직의 지식경쟁력을 키워주고 성장을 돕는 중요한 활동이 된다. 단, 모든 임직원이 강사 역할을 수행하되 효과적인 강의를 해야만 한다는 조건을 충족시켜야 한다.

효과적인 강의를 실시하려면 먼저 강의 기본기를 잘 익히고 이를 바탕으로 연습과 실천을 반복해야 한다. 그렇게 하면 누구나 훌륭한 강사가 될 수 있다.

필자가 이 책을 쓰게 된 동기가 바로 여기에 있다. 탁월한 인재로 성장함과 동시에 조직의 지식경쟁력을 높이기 위해서는 사원부터 사장까지 누구나 강사가 되어야 하는 당위성을 알리고 싶었고, 강의 기본기를 익혀서 누구나 강사가 될 수 있다는 점을 널리 전파하고 싶었다. 그리고 누구나 강사가 될 수 있는 방법으로서 강의 기본기를 쉽게 익힐 수 있는 안내서를 제공하고자 하였다. 모든 일에서 기본기를 갖추는 것은 매우 중요하다. 골프나 테니스와 같은 운동에서도 레슨을 통해 기본기를 잘 갖추어 놓으면 레슨을 받지 않은 사람에 비해 실력의 향상 속도가 훨씬 빠르다. 이와 마찬가지로 강의에서도 기본기를 잘 익혀둔 사람은 기본기가 없는 사람보다 강의역량 향상 속도가 훨씬 빠르다. 이러한 집필 동기를 반영한 이 책의 주요 내용은 다음과 같다.

제1장에서는 사원부터 사장까지 누구나 강사가 될 것을 제안하고자 하였다. 강의는 특정한 사람들의 전유물이라는 고정관념을 버리고 누구나 강사가 될 수 있고 강사가 되어야 하는 이유를 보여줄 것이다. 아울러 강의가 인재를 키워주고 사장까지 행복하게 해준다는 점을 알려서 강의에 대한 동기를 부여하고자 하였다. 또한 조직의 지식 경쟁력 제고를 위해 적극 실천해야 하는 지식경영과 현장교육에서 강의가 얼마나 중요한 역할을 하는지를 보여 주고자 하였다.

제2장에서는 누구나 강사가 되기 위한 기본에 대해 다루고자 한다. 누구나 강사가 되는 방법은 강의 기본기를 잘 익히고 이를 바탕으로 연습과 실천을 반복하는 것이다. 강의 기본기는

교수체제개발(ISD)에 바탕을 둔 강의활동모형의 프로세스를 이해하고 각 단계별 주요 기법들을 배우고 익혀서 자기 것으로 만드는 기술을 말한다. 본 장에서는 이러한 강의 기본기에 대한 이해와 더불어 강사로서 갖추어야 할 역할과 태도에 대해서도 다룰 것이다.

제3장부터 제5장까지는 강의 기본기를 실천하는 방법을 다룰 것이다. 먼저 제3장에서는 강의를 효과적으로 준비하는 구체적인 방법에 대해서 다루고자 한다. 즉 강의활동모형의 1~3단계인 3P 분석, 강의 설계, 교보재 개발에 대한 지식과 기법들을 학습하게 될 것이다. 3P 분석에서는 People, Purpose, Place 분석을 다루고, 강의 설계에서는 강의 내용 선정 및 배열, 강의 방법, 강의 전략 등을 준비하는 것에 대해서, 교보재 개발에서는 강의 실시에 필요한 교재, 교안 및 강의 슬라이드를 효과적으로 개발하는 방법을 학습하게 될 것이다.

제4장에서는 강의활동모형의 4단계인 강의 실시에서 필요한 지식과 기법들을 학습하게 될 것이다. 즉, 강의 준비를 마친 후 실제 강단에 서서 강의를 효과적으로 실시하기 위한 여러 가지 기법들을 배우게 될 것이다. 우선 강사로서 갖추어야 할 이미지를 다룰 것이며, 공통적인 스킬인 언어적 스킬과 비언어적 스킬을 학습하게 될 것이다. 그리고 강의를 시작하는 부분인 도입부 실시기법, 강의 본론 부분인 전개부 실시기법, 강의 마무리 부분인 종결부 실시기법 등에 대해서 어떻게 하면 효

과적으로 전달하고, 이해시키고, 설득할 수 있을 것인가에 대해 실질적인 도움을 제공하고자 한다.

마지막 제5장에서는 강의활동모형의 5단계인 강의피드백에 대해서 학습하게 될 것이다. 본 장에서는 강사 자신에 대해 평가하기, 반응도 평가 체크하기, 강의 업그레이드를 위한 방법들에 대해 학습하게 될 것이다.

강의 초보자는 우선 이 책에서 제시하고 있는 강의기법들을 하나하나 따라해 보는 것이 필요하다. 몇 번 따라해 보면 나름대로 감이 잡히면서 강의 기본기를 익힐 수 있을 것이다. 그 다음에는 각자의 개성과 강점을 살려 자기만의 강의 스타일을 만들어 가면 된다. 강의 수준이 중급 이상인 사람은 강의 기본기를 재점검하거나 본인 강의 활동에 대한 체크리스트 차원에서 이 책을 이용하면 유익할 것이다.

21세기 지식정보화 사회에서는 개인과 조직이 보유하고 있는 지식이 곧 경쟁력의 원천이자 성장의 동력이 된다. 그리고 이 지식을 제대로 습득하고 공유할 수 있는 가장 좋은 방법 중 하나가 사원부터 사장까지 누구나 강사가 되는 일이다. 강의는 소수의 특정한 사람들의 전유물이라는 고정관념을 버리고 누구나 강사가 되어야 하고 누구나 강사가 될 수 있다는 새로운 관점을 가져보도록 하자. 그리고 누구나 강의 기본기를 익혀서 실천하자. 그러면 직원도 행복하고 조직도 행복한 윈 - 윈(win-win) 관계를 구축할 수 있을 것이다.

　아무쪼록 이 책이 모든 사람들에게 강의에 대한 열정과 의욕을 불러일으키는 기폭제가 되기를 기대한다. 아울러 강의 기본기를 익히는 학습서이자 훌륭한 강의기법을 습득하는 안내서로서 활용되기를 바란다. 늘 가까이 두고 친구처럼 자주 만나는 책이 되기를….

2011년 5월

송민열

차 례

제5장 피드백을 통한 강의 업그레이드

부록 강의설계 · 피드백을 위한 도구 양식

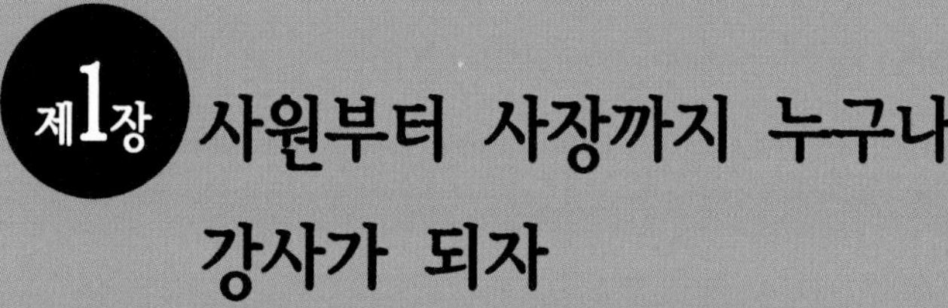

제1장 사원부터 사장까지 누구나 강사가 되자

1. 강의는 특정한 사람들의 전유물이 아니다

　소수의 특정한 사람들만이 강사로서 활동하고 있다. 대표적인 사람들이 강의를 전문적인 직업으로 하는 사람들이다. 유치원 교사나 초·중·고 교사가 여기에 해당한다. 이들은 대학교나 대학원에서 전공과목과 교직과목 등을 이수하고 교사자격증을 취득한 후 임용되어 유아나 학생들을 가르친다. 대학교수도 있다. 전공 분야에 대한 박사학위 또는 석사학위를 취득하고 대학에 임용되어 대학생이나 대학원생들을 지도한다. 또한 정규 학교과정은 아니지만 나름대로의 전문성을 가지고 사람들을 가르치는 학원 강사, 기업교육 강사, 평생교육기관 강사 등이 있다. 이들은 강의를 전문으로 하는 직업 분야에 종사하면서 대부분 명강사를 추구한다. 명강의를 통해 학습자들에게 훌륭한 스승이 되고자 하며 자신의 가치를 향상시키고자 한다.

　민간 기업이나 공공기관에서 사내강사로서 활동하고 있는 소수의 사람들도 있다. 사내에서 특별한 위치에 있는 사람들, 탁월한 실무능력 보유자, 뛰어난 세일즈맨, 사내강사로 선발된 사람들이 여기에 해당한다. 사내에서 특별한 위치에 있는 사람들은 전략기획, 법규, 마케팅 등 본부의 핵심파트에 근무하면서 직원들에게 회사의 경영 방침과 제도 등을 수시로 전파하기 위해서 강의 활동을 수행한다. 탁월한 실무능력 보유자는 일을 처리하는 데 있어서 탁월한 역량을 발휘하는 사람들이다. 이들은 사내 직원교육 시 강사로서 자주 초빙된다. 뛰어난 세일즈맨도 직원들에게는 벤치마킹의 대상이다. 예를 들면 보험 판매, 자동차 판매, 학습지 판매 등에서 뛰어난 영업 실적을 거둔 사람들이 그들의 노하우를 전파하기 위해 강단에 선다. 또한 공식적으로 사내강사로 선발되어 인적자원개발 담당 조직에서 상근교수 또는 강사로 활동하거나 비상근 강사로서 활동하는 사람들도 있다.

　이렇듯이 주로 소수의 특정한 사람들만이 강의 활동을 수행하고 있고, 일반 대중 또한 그렇게 인식하고 있다. 그래서 시중에 나오는 관련 서적들을 보면 '조벽교수의 명강의 노하우 & 노와이', '명강사를 위한 명강의 전략', '실전 명강의 교수법' 등과 같이 명강사가 되기를 원하는 독자들에게 도움을 주기 위한 서적들이 주류를 이루고 있다. 교육 프로그램도 '최고명강사과정', '명강사양성과정', '스타강사만들기과정' 등과 같이 주로 소수의 명강사를 양성하는 데 관심이 집중되어 있고 일반 직장인이나 대중들을 강사로 키우는 데에는 관심이 매우 적다.

또한 일반인 각자의 생각도 문제이다. 대부분 강단에 서는 것을 두려워한다. 강단에만 서면 심장 박동이 빨라지기도 하고 머릿속이 멍해지는 경우도 있으며, 말이 꼬여 전달하고자 했던 내용을 제대로 전달하지 못하는 경우도 많다. 그래서 강의 실패에 대한 두려움이 앞서고 창피를 당하지 않기 위해 가급적 남들 앞에 서는 것을 피하는 경향이 있다. 그러면서 강의를 한다는 것은 나와는 거리가 멀고 언어 구사 능력이 뛰어나거나 특정 분야에 종사하는 사람들만이 하는 활동이라고 치부해 버리기도 한다. 이렇게 된 데에는 어려서부터 주입식 교육에 익숙해져 있고 토론 및 발표 문화를 경험하지 못한 탓도 있을 것이다.

그러나 이제는 관점을 바꾸어야 한다. 강의는 특정한 사람들의 전유물이 아니다. 누구나 강사가 될 수 있다. 강의는 선천적으로 언어 구사 능력이 뛰어나거나 특정 분야에 종사하는 사람들만이 하는 활동이 아니라 누구나 개발하면 잘할 수 있다.

2. 누구나 강사가 될 수 있고, 강사가 되어야 한다

그러면 어떻게 하면 누구나 강사가 될 수 있는가? 그것의 답은 강의 기본기에 있다. 강의 기본기를 잘 익힌 다음 적극적인 태도를 가지고 연습과 실천을 거듭하면 누구나 우수한 강사가 될 수 있다. 이와 관련하여 필자의 경험을 소개하고자 한다.

필자는 어려서부터 지극히 내성적이고 소극적인 사람이었다. 게다가 수줍음을 많이 타고 말주변도 변변하지 못한 학생이었다. 명절에 친척들이 모여 이런저런 이야기의 꽃을 피울 때도 그저 조용히 듣기만 하는 아이였다. 그래서 형들이 나에게 "민열아, 너는 왜 그렇게 말이 없어? 너도 말 좀 해라."라고 곧잘 권하기도 했다. 또한 초등학교부터 고등학교 시절까지 학급회의 시간에 의견 한 번 발표한 적이 없었다. 남들 앞에서 말한다는 것이 너무 떨리고 두려웠다. '괜히 말을 잘못 했다가 창피나 당하지 않을까? 가만있으면 중간이라도 간다는 말이 있으니 그냥 듣기만 하자'라고 혼잣말을 하며 나서지 않았다. 숫기도 없어서 거리에서 여학생을 지나치게 되면 얼굴 한 번 쳐다보지 못하고 고개를 숙이고 지나가곤 했다.

사춘기에 접어들어 대부분의 청소년들이 그렇듯이 나도 많은 것을 생각하게 되었다. 이성, 진리, 종교, 철학, 인생 등에 대해 많은 관심을 가지게 되었고 틈나면 관련 서적들도 많이 읽었다. 그러면서 가장 진지하게 생각했던 것이 나의 인생에 관한 것이었다. '나는 앞으로 어떤 인생을 살 것인가? 그리고 어떤 일을 하며 살 것인가?'라는 질문을 스스로에게 자주 던졌고 그 해답을 찾고자 했다. 그러다 구체적인 해답은 찾지 못했고 막연하게나마 사람들과 어울려 살아야 하고 그들에게 즐거움이나 도움을 줄 수 있는 삶이 내가 가야 할 인생의 방향이라는 결론에 도달했다. 그리고 현재 나의 성격, 행동 스타일에 대해 들여다보았다. '과연 현재 나의 내성적인 성격, 소극적인 태도, 말주변 없는 능력 등을 가지고 내가 가고자 하는 삶을 원활하게 살 수 있을 것인가?' 답은 '아니다'였다.

그때부터 나는 변하기로 결심하고 실천에 옮겼다. 천성적으로 내성적인 성격 자체를 완전히 바꿀 수는 없지만 주변의 친구들과 자주 어울리려고 노력하였다. 또한 내가 주도하여 친구들과 이성, 진리, 종교, 철학, 인생 등에 대해 대화와 토론을 자주 실시하고자 노력했다. 독서량도 늘렸고 좋은 글이 있으면 메모했다가 대화할 때 활용하였다. 신문이나 책을 읽을 때에도 자주 소리 내어 읽으며 말하기 연습을 하였다. 물론 이 과정에서 많은 실수를 하였고 실패도 맛보았지만 나는 점점 적극적인 태도를 갖추게 되었고 말주변도 점점 늘게 되었다. 그 후 군대생활, 대학생활을 다른 사람들과 어울리며 무난하게 보내게 되었고 20대 후반에 입사한 은행 직장생활도 잘 수행하게 되었다.

평범한 은행원으로 근무하던 나는 국제부 외환법규 담당 책임자로 근무하면서 강의의 세계를 접하게 되었고, 강의기법과 관련된 여러 권의 서적 학습을 통해 나름대로의 강의 기본기를 익히게 되었다. 강의 기본기를 바탕으로 적극적으로 연습과 실천을 거듭하다 보니 나의 강의 역량이 일취월장하게 되었다. 점점 내가 수행한 여러 강의에서 좋은 평가를 받게 되었고 결국 연수원 교수로 선발되어 전문적인 사내강사로서 활동을 하게 되었다.

필자의 경험 사례에서 제시하고자 하는 세 가지 키워드는 강의 기본기, 적극적인 태도, 그리고 연습이다. 어린 시절 지극히 내성적이고 소극적이면서 수줍어하고 말주변이 없었던 사람도 강의 기본기를 익히고 적극적인 태도를 가지고 연습하면 강사가 될 수 있다는 것이다. 이렇게 약점이 많은 필자도 강사가 되었는데 어느 누가 강사가 될 수 없겠는가? 다시 강조하지만 강의는 특정한 사람들의 전유물이 아니다. 누구나 강사가 될 수 있다.

강의에 대한 관점을 바꾸어야 하는 또 하나의 측면은 누구나 강사가 되어야 한다는 점이다. 그 첫 번째 이유는 직원들이 탁월한 인재로 성장하기 위해서이다. 탁월한 인재가 갖추어야 하는 전문성, 프레젠테이션, 소통 능력 등을 강의 활동을 통해 지속적으로 향상시킬 수 있다. 두 번째 이유는 지식경영 활동을 촉진시키기 위해서이다. 지식경영의 핵심은 직원 각자가 가지고 있는 지식과 노하우를 다른 직원들에게 효과적으로 전달하여 공유하는 데에 있다. 그런데 어떤 사원이 아무리 좋은 지식과 노하우를 가지고 있다 하더라도 이를 다른 사원들에게 효과적으로 전달하는 능력이 없으면 지식공유의 효율성이 떨어진다. 임직원 누구나 강사가 되어야 하는 이유이다. 세 번째 이유는 현장교육의 효과를 높이기 위해서이다. 모든 사원들이 서로 가르치고 배우는 현장교육을 효과적으로 진행하려면 사원부터 사장까지 누구나 강의 기본기를 익히고 이를 교육에 반영하는 것이 꼭 필요하다. 네 번째는 회사의 경쟁력 강화 차원에서 누구나 강사가 되어야 한다. 임직원 모두가 강의를 할 수준의 전문성을 갖추게 되면 시너지 효과가 발생하여 회사 전체의 지식 경쟁력은 강화되고 이러한 지식 경쟁력은 회사의 생존과 번영을 약속한다.

3. 강의는 사원들의 전문성을 키워준다

중국 속담에 이런 말이 있다. '귀로 들은 것은 잊게 되지만, 눈으로 본 것은 기억하게 되더라. 손수 해보니 이해가 되고, 남에게 가르쳐보니 파악이 되더라.' 즉 가장 잘 파악하기 위해서는 강의를 하는 것이라고 하였다. 가장 잘 파악한다는 것은 그 분야에서 전문가가 된다는 말과 같다. 전문적인 역량이 있어야 남에게 제대로 가르칠 수 있기 때문이다.

따라서 강의가 사원들에게 주는 큰 혜택은 전문성을 지닌 인재로 키워주는 것이다. 강의를 하려면 그 분야에 대해 전문 지식이 있어야 하므로 공부를 해야만 한다. 많은 책을 읽고 자료를 모으고 분석도 해야 한다. 이렇게 강의를 준비하는 과정에서 전문 지식을 체계적으로 정리할 수 있고 가장 확실하고 효과적인 학습을 할 수 있다. 또한 강의를 실시하고 피드백을 하는 활동을 통해 더욱더 전문성을 보완해 갈 수 있다.

전문성을 키워주는 또 하나의 측면은 일 처리 방법 차원이다. 우리는 어떤 일을 할 때, 그 일을 잘 수행하기 위해 노력한다. 그런데 아무 생각 없이 그냥 노력만 한다고 해서 과연 그 일이 잘될 수 있을까? 그건 아닐 것이다. 무언가 미리 준비하고, 계획을 세우며, 실시하고, 피드백하는 과정을 거쳐야만 보다 일을 잘 할 수 있다. 그런 의미에서 'P-D-C-A' 사이클은 우리가 일상생활 속에서 일을 보다 전문적으로 잘하게 하는 개념으로 알려져 있다. 즉, 'Plan(계획한다)→Do(실시한다)→Check(점검한다)→Action(조치한다)'이라는 과정을 반복함으로써 지속적으로 자신의 일을 업그레이드 시키고 괄목할 만한 성과를 달성할 수 있다는 것이다.

그런 의미에서 본다면 강의는 사원들의 전문성을 키워주는 좋은 방법이다. 왜냐하면 그들은 강의라는 활동을 통해 자연스럽게 이 'P-D-C-A'('C'와 'A'를 합쳐서 'S: See'라고도 함)과정을 거치게 되기 때문이다. 강의 활동 프로세스상에서 본다면 강의 준비는 'Plan'이고 강의 실시는 'Do'이며 강의피드백은 'Check & Action(See)'에 해당한다. 따라서 이러한 강의 활동을 반복함으로써 전문적인 일 처리 방법을 저절로 체득할 수 있는 것이다.

4. 강의는 프레젠테이션 · 소통 능력을 향상시킨다

강의가 임직원들을 탁월한 인재로 키워주는 또 다른 이유는 프레젠테이션 능력을 향상시킬 수 있다는 것이다. 프레젠테이션은 발표자가 자신의 지식, 생각, 의견, 주장 등을 주어진 시간 내에 효과적으로 전달하여 청중을 설득하는 커뮤니케이션 방법이다. 이것은 직장인으로서 누구나 갖추어야 할 기본적이고 핵심적인 역량이다. 회사 내에서는 사업계획, 실적보고, 조사보고 등을 위해 프레젠테이션을 실시하고 대외적으로는 회사소개, 프로젝트 제안, 상품설명 등을 위해 프레젠테이션을 실시한다. 회사의 모든 업무가 프레젠테이션과 밀접한 관계가 있다. 그래서 탁월한 프레젠터는 유능한 인재로 인정받을 수 있다. 또한 비즈니스 세계에서 프레젠테이션의 성공이 곧 수익과 직결되기도 한다. 강의를 한다는 것도 지식, 기술, 주장 등을 사전에 준비하고 이를 다른 사람들에게 효과적으로 전달하고 설득하는 과정을 수행하는 것이다. 따라서 프레젠테이션과 관련된 중요한 역량들을 강의 활동을 통해 저절로 익힐 수 있으니 강의를 한다는 것은 프레젠테이션 능력을 향상시켜주는 참으로 좋은 방법이다.

강의는 소통능력과도 관계가 있다. 인간은 사회적 동물이다. 우리는 사회 속에서 다른 사람들과 어울려 메시지를 주고받으며 산다. 말, 문서, 편지, 메일, SNS(Social Networking Service) 등을 통해 자신의 의사를 표현하고, 받아들이고, 반응하며 산다. 특히 직장인은 자신의 생각, 의견 등을 말로 주고받는 경우가 많다. 예를 들어 상사가 부하 직원에게 어떤 일에 대한 지시를 말로 내리면 상사가 송신자가 되고 부하 직원이 수신자가 된다. 지시사항이 바로 메시지이고 의사소통 채널은 말이다. 이 상황에서 소통이 원활하려면 먼저 상사가 부하 직원에게 지시사항을 명확하게 전달해야 한다. 부하 직원도 상사의 지시사항을 잘 경청하여 명확하게 이해해야 한다. 그러고 나서 지시사항을 잘 수행한 다음 그 결과에 대한 피드백을 상사에게 정확히 전달해야 한다. 결국 원활한 의사소통이 이루어지려면 메시지의 전달력, 경청 능력, 피드백 능력이 잘 발휘되어야 한다.

소통의 시작은 메시지의 전달이다. 따라서 표현 능력이 중요하다. 이와 관련하여 스탠퍼드대 경영학 교수인 칩 히스(Chip Heath)와 경영컨설턴트인 그의 동생 댄 히스(Dan heath)는 2007년에 그들의 10여 년의 연구 결과를 담은 책 ≪스틱≫을 발간

하였다. 이 책에서 그들은 사람들의 뇌리에 착착 달라붙을 수 있도록 메시지를 효과적으로 전달하는 6가지 기법을 'SUCCESS(성공)'라는 영어 단어의 첫 글자와 연결하여 제시하고 있다. Simplicity(단순성), Unexpectedness(의외성), Concreteness(구체성), Credibility(신뢰성), Emotion(감성), Story(이야기)가 그것이다. 이 기법들은 강의 기본기에서 제시하는 내용과 대부분 일치한다. Simplicity(단순성)는 메시지의 간결성을 말하는 것으로 강의 활동에서 강의 내용 구성을 간결하게 3부 구성으로 배열하는 방법, 강의 슬라이드 제작 시 간결하게 핵심 키워드 위주로 문장을 작성하는 기법과 일치한다. Unexpectedness(의외성)는 사람들의 예상을 깨뜨리고 주의를 집중시켜야 한다는 것으로 강의 활동에서 학습자의 주의력을 끌기 위해 예상하지 못한 기법으로 강의 시간에 변화를 주는 기법과 그 맥을 같이한다. Concreteness(구체성)는 강의 내용 설명 효과를 높이기 위해 예시를 들어 설명하거나 시연을 통해 보여 주는 것과 관계가 깊다. Credibility(신뢰성)는 강의 내용 설명 시 학습자를 믿게 만들기 위해 통계자료, 경험 사례, 유명 인사의 어록 등을 이용하는 기법과 밀접하다. 또한, Emotion(감성)과 Story(이야기)는 강의 실시기법인 감성기법이나 드라마기법과 대부분 일치한다. 따라서 강의기법을 잘 익혀 두면 메시지 전달기법도 더불어서 익힐 수가 있다. 또한 강의 활동에서 강조하는 상호작용, 강의 피드백 등의 기법은 소통능력을 향상시킨다.

5. 강의는 사원들을 행복하게 한다

    강의가 사원들을 행복하게 하는 이유는 인간의 욕구를 충족시킬 수 있다는 점이다. 미국의 심리학자 매슬로우(Maslow)는 인간의 욕구 5단계 이론을 제시하였다. 그가 제시한 1단계 욕구는 생리적 욕구이다. 이것은 의식주, 호흡, 배설, 성생활 등에 대한 욕구를 말한다. 2단계 욕구는 안전의 욕구이다. 이것은 공포나 혼란으로부터 오는 정신적·육체적 위험으로부터의 보호, 경제적·사회적 안전의 지속에 대한 욕구 등을 말한다. 3단계 욕구는 사회적 욕구이다. 이는 가족, 친구, 동료 등 이웃과 친근하게 사랑을 나누면서 살고자 하는 욕구이자 어느 집단·조직·사회에 속하고자 하는 욕구이다. 다음 4단계 욕구는 존경의 욕구이다. 이는 주변으로부터 인정을 받고자 하는 욕구이자 스스로 긍지나 자존심을 가지고자 하는 욕구를 말한다. 마지막 5단계는 자아실현의 욕구이다. 이 욕구는 자신의 잠재력을 이용하고 개발하며 이상이나 목표를 실현시키려는 욕구이다(황안숙, 1999).

매슬로우가 제시한 욕구 중 4단계 욕구인 존경의 욕구가 강의 활동과 밀접한 관계를 가지고 있다. 존경의 욕구는 남들로부터 인정을 받고자 하는 욕구이자 스스로 긍지나 자존심을 가지려는 욕구이다. 강의를 한다는 것은 자신의 가치를 알릴 수 있는 좋은 기회이다. 좋은 강의를 통해 사람들에게 유익한 지식과 정보를 전달하게 되면 그 강의를 들은 사람들로부터 인정과 칭찬을 받게 된다. 그렇게 되면 보람과 자부심을 갖게 되면서 존경의 욕구를 충족시킬 수 있다.

또한 5단계 욕구인 자아실현의 욕구야말로 강의 활동과 가장 밀접하다고 할 수 있다. 강의를 한다는 것은 참으로 의미 있고 가치 있는 일을 하는 것이다. 강사는 강의를 통해 다른 사람들을 긍정적으로 변화시키고 그들의 역량을 높여 주는 일을 한다. 즉, 인적자원의 경쟁력을 향상시켜 그들 조직 전체의 경쟁력을 높여주고 나아가 국가사회 전체의 경쟁력을 높여주는 역할을 하는 것이다. 이러한 역할을 수행하면서 강사는 자신의 일에 대해 크나큰 만족감과 성취감을 얻게 된다. 강의 활동이 개인뿐만 아니라 조직 및 국가사회에 기여하게 되고 자신에게도 자아실현의 기회가 되니 강의라는 일을 하는 것이 얼마나 행복한 일인가?

6. 강의는 사장을 행복하게 한다

　얼마 전 내가 아는 회사의 세일즈 대상 시상식에 참석할 기회가 있었다. 그런데 대상을 수여하기 위해 무대에 선 사장의 발언이 구설수에 올랐다. 그의 발언은 행사 분위기에 맞지 않게 너무 길고 엉뚱한 내용으로 보는 사람의 눈살을 찌푸리게 하였다. 아마도 시상식 무대에 서면서 전혀 준비 없이 생각나는 대로 말을 하는 것 같았다.

　회사를 대표하는 사장은 대외적으로 또는 대내적으로 여러 자리에서 자주 스피치 또는 프레젠테이션을 할 기회를 갖게 된다. 잘 준비하여 멋지게 발언을 하게 되면 회사의 이미지도 좋아지고 직원들에게도 리더십이 잘 발휘되지만 적절하지 못한 발언은 여러 가지 문제점을 발생시킨다. 그래서 사장은 항상 준비가 되어 있어야 한다. 상황별로 잘 구성된 스피치 내용을 준비해 두어야 하고 기본적인 언어적ㆍ비언어적 스킬과 효과적인 전달기법을 평소에 연습하여 몸에 배어두도록 해야 한다. 그래야 언제 어느 곳에서든지 스피치나 프레젠테이션을 요청받았을 때 이를 멋지게, 효과적으로 수행할 수 있다. 강의가 사장을 행복하게 하는 첫 번째 이유가 바로 여기에 있다. 강의에 대한 기본기를 익히고 평소에 연습해두면 스피치, 프레젠테이션을 효과적으로 진행할 수 있다.

강의가 사장을 행복하게 하는 두 번째 이유는 멋진 외부 강의를 통해 다른 사람들에게 도움을 주고 사회에 기여할 수 있다는 것이다. 최근에 사장님들의 외부 출강이 잦아졌다. 모 신문사에서는 매년 다수의 대학과 연계하여 매주 CEO특강을 실시하고 있다. 여러 업종별로 회사를 대표하는 CEO들이 대학에 출강하여 최고경영자가 기업 현장에서 축적해온 경영경험과 경제지식을 대학생들에게 전달해주는 살아 있는 강의를 진행하고 있다. 방송사에서도 수시로 CEO특강을 진행하고 있다. 도전과 포용, 위기 극복의 경험, 글로벌 전략, 경영철학, 리더십 등을 주제로 대학생들에게 진행하는 특강을 사전에 녹화하여 방송 프로그램에 편성하여 내보내고 있다. 또한 전·현직 CEO 수십 명이 의견을 모아 진정한 노블레스 오블리주(사회 지도층에게 요구되는 높은 수준의 도덕적 의무)를 실천하기 위한 지식나눔 모임을 발족하여 활동하고 있다. 이 모임은 수익사업이 아닌 순수한 사회 기여를 하기 위한 목적으로 출범한 모임으로서 국가와 사회발전을 위한 지식 나눔, 실천적 미래 비전과 전략·대안 제시, 바람직한 가치관 확립에 기여, 차세대 글로벌 CEO 육성 등을 설립 취지로 하고 있다. 이를 실천하기 위한 주요 활동으로서 초·중·고·대학생과 중소기업, 정부기관, 지방자치단체 등을 대상으로 강의 활동을 통해 CEO들이 가진 지식과 경험, 전문성, 기업경영 노하우를 사회 전반에 확산시키는 일을 하고 있다. 이러한 의미 있고 가치 있는 강의 활동에 참여한 CEO가 강의기법을 잘 활용하여 훌륭한 강의를 할 수 있다면 엄청난 행복감을 느끼게 될 것이다.

강의가 사장을 행복하게 하는 세 번째 이유는 회사 내부적으로 훌륭한 강의를 통해 임직원들에게 회사의 비전과 전략을 효과적으로 전파하고 공유하게 할 수 있으며 동기부여를 통해 자발적인 참여를 끌어낼 수 있다는 점이다. 필자가 잘 아는 중견기업 사장은 얼마 전 직원 워크숍 시간에 전 직원 앞에서 강의를 실시하였다. 그런데 그는 직원들의 반응이 시원치 않아서 크게 실망하였다. 회사의 새로운 비전과 전략에 대해 열심히 설명하였는데 조는 사람도 여러 명 있었고 졸지 않은 직원들의 표정도 영 밝지 않았다. 나중에 강의한 이야기를 들어 보니 이 분은 강의의 기본기를 전혀 알지 못했고 그저 생각나는 대로 일방적으로 몰아붙이는 강의를 진행하였던 것이다. 이런 식으로 강의를 하면 그 결과는 뻔하다. 의도했던 강의 목적을 달성하지 못하는 것이다. 이 사례는 강의가 사장을 불행하게 만든 실패 사례이다. 그러나 반대로 강의 기본기를 잘 익혀 평소 연습을 통해 효과적인 강의기법을 습득하였다면 본인이 강의를 통해 이루고자 하는 목적을 달성하여 행복한 결과를 가져다주었을 것이다.

7. 강의는 지식경영을 실천하게 하는 촉진제이다

　21세기는 지식기반사회이다. 굴뚝산업보다 정보기술 산업, 문화 산업, 금융 산업 등 지식서비스에 근거한 지식산업이 더 큰 비중을 차지하는 생산체제로 빠르게 전환되고 있다. 이러한 지식기반사회에서는 유형자산보다 무형자산인 지식이 중요한 산업자원이자 경쟁력의 원천이 된다. 그런데 개인이 혼자만 알고 다른 사람들이나 조직과 공유되지 못한 지식은 그 가치가 떨어진다. 사람과 사람의 관계 또는 조직 네트워크를 통해 지식이 전파되고 공유되어야 그 가치가 올라간다. 그래야만 지식기반사회에서 지식의 창출, 공유, 저장, 활용이 효과적으로 이루어지는 지식경영이 제대로 이루어진다고 할 수 있다. 지식경영 활동을 강의 활동과 연계해서 살펴보면 다음과 같다.

　첫째, 지식창출은 새로운 아이디어를 고안하거나 자신의 경험을 통한 노하우 축적, 회사 내부에서의 자료나 정보 습득,

회사 외부로부터의 정보나 사례 습득, 개인 간 정보 교환 등을 통해 이루어진다. 여기서 중요한 것이 암묵지를 형식지로 변환시키는 것이다. 즉 자신만이 알고 있는 지식과 노하우를 다른 사람들이 쉽게 이해하고 활용할 수 있도록 형식화, 언어화, 수치화 시키는 일이 중요하다는 것이다. 그래야만 지식 공유가 가능해지고 지식의 가치가 올라간다. 이를 강의 활동과 연계해서 생각해보면 강사는 자신이 가진 지식과 노하우를 효과적으로 전달하기 위해 적절한 제목을 붙이고, 전달하고자 하는 내용을 체계적이고 효과적으로 구성하여 설계한다. 그리고 설계한 내용을 바탕으로 형식적인 틀을 갖춘 훌륭한 교재를 제작하여 강의를 준비한다. 따라서 강의 기본기를 익히게 되면 암묵지를 형식지로 바꾸는 일을 효과적으로 진행할 수 있다.

둘째, 지식공유과정은 조직 구성원들 간에 지식과 노하우를 공유함으로써 학습활동을 촉진시키고 이를 통해 새로운 지식이나 기술의 창조를 가능하게 하는 과정이다. 지식공유는 크게 두 가지의 매개체를 통해 이루어지는데 하나는 사람이고 또 하나는 물리적 매개체이다. 사람이라는 지식공유 매개체는 교육프로그램, 워크숍, 발표회, 비공식적 만남 등의 행사에서 가치 있는 지식이나 노하우를 강의, 발표, 대화의 형식으로 직접 전달하면서 공유한다. 이러한 활동들은 강의기법과 밀접한 관련이 있다. 즉, 강의 실시기법을 익혀 자신의 지식과 노하우에 대해 잘 설명하고 이해시키며 설득시킨다면 효과적으로 지식

공유 활동을 촉진시킬 수 있다. 또 하나는 물리적인 매개체이다. 문서, 보고서, 책자, 시청각 자료, 정보시스템 등이 바로 그것이다. 이것들 역시 주 제작자는 사람이기 때문에 강의기법을 익힌 사람은 효과적인 매체를 제작하여 운영할 수 있다.

셋째, 지식저장과정은 창출된 지식에 대해 그 가치를 검토하여 체계적으로 저장하고, 저장된 지식을 다음 과정에서 활용하기 위해 준비를 하는 단계이다. 지식저장을 위해 시스템화, 데이터베이스화 등의 방법이 사용되고 지식 및 정보의 표준화, 낡은 정보를 선별하여 버리는 폐기학습 등의 활동도 포함된다. 이러한 활동은 강의피드백 활동과 깊은 관계가 있다. 강사는 강의를 마치고 나서 그날 실시한 강의에 대해 반드시 피드백을 실시해야 한다. 이것도 강의의 기본기에 포함된다. 먼저 셀프체크리스트를 통해 자신의 강의를 되돌아보고 검토해야 한다. 또한 학습자가 작성한 반응도평가 결과물도 확인하여야 한다. 검토 결과 잘한 점은 적극 살리고 잘못한 점은 잘 기록하여 강의 파일에 보관하여 다음 강의에 반영할 수 있도록 준비한다. 따라서 강의 기본기를 잘 익히고 있으면 지식저장 활동도 원활하게 진행할 수 있다.

넷째, 지식활용과정은 공유 또는 저장된 지식을 실제적으로 업무현장에서 적용하여 업무를 효율적으로 수행하여 업무 수행 효과를 높이고 경영성과 달성에 기여하는 과정이다. 이때 실제적으로 업무에 활용하면서 지식을 더욱 발전시키기도 하고, 활용도를 높여가며 업무개선에 반영하기도 한다. 이 과정도 역시 강의 활동과 밀접한 관계가 있다. 기업에서의 강의 활동은 학교 교육과는 달리 단순히 지식이나 이론을 전달하는 데 목적이 있는 것이 아니다. 보다 중요한 목적은 현업활용도를 높이는 것이다. 즉 직원이 강의를 통해 배우고 익힌 지식이나 기술을 현업에 돌아가서 잘 활용하여 업무 처리 능력을 향상시키고 경영성과에 기여하도록 하는 데 있다. 강의 기본기를 바탕으로 한 현업활용도를 높여주는 강의는 결국 지식활용을 원활하게 하여 지식경영활동을 촉진시켜주는 효과가 있다.

8. 강의는 현장교육의 효과를 높여준다

    100년이 넘는 오래된 기업 제너럴 일렉트릭(GE)을 세계 최강의 기업으로 바꾼 잭 웰치 전 회장은 기업교육의 선봉에 섰고, 현 CEO인 제프리 이멜트 회장 역시 1년에 45일 이상을 사내강사로 활동한다. 이 회사는 회장뿐만 아니라 모든 간부나 사원이 가르치는 일에 나서고 있다. GE에서는 일을 효율적으로 하기 위한 사전 연구나 일을 하며 새롭게 터득한 지식을 일상 업무에 적용하는 것도 학습이다. 관리자나 직원 회의에서는 '항상 경험의 공유(sharing of practices)'라는 시간이 있다. 회의에서 직원들은 현장의 문제를 어떤 식으로 접근했고, 그 결과가 어떠했는지를 발표한다. 그러면 다른 사람들도 거기에서 배울 수 있다. 이러한 활동은 임원이나 관리자만 하는 것이 아니라 모든 직원들이 해야 하는 일이다(이석호, 2008). 즉 현장교육을 매우 중요시하고 이를 위해 모든 직원들이 강사 역할을 해야 하는 것이다. 따라서 강의 역량을 갖춘 직원들의 훌륭한 강의는 현장교육의 효과를 높여준다.

세계 최강의 반도체 칩 제조회사인 인텔(Intel)은 전화 예절에서부터 반도체 칩 제조에 적용되는 복잡한 기계장치 작동법에 이르기까지 회사의 리더들이 가르치는 교육 내용을 소개하는 카탈로그를 발행한다. 그리고 경험이 풍부한 현장 리더들이 부하직원이나 동료들을 직접 가르치게 하고 있다. 기술은 외부에서 초청된 전문 강사들도 가르칠 수 있지만 가장 훌륭한 교육은 현장에서 산전수전을 겪은 사람들에게서 나온다는 인식을 가지고 있다. 내부 강사들은 매우 바쁘고 힘든 일들을 소화해야 하지만 다른 사람들을 가르치는 일이 얼마나 중요한 일인지를 알고 자부심과 사명감을 가지고 있다. 또한 인텔에서는 회장에서부터 현장관리자에 이르기까지 모든 리더가 자신의 업무 중 하나로 리더십 교육을 진행한다. 이들이 리더십 교육을 얼마나 적극적으로 참여하고 효과적으로 진행하느냐에 따라 보너스 금액이 결정된다. 인텔의 직원들은 외부 강사가 아닌 현장의 리더들이 더욱 효과적으로 리더십을 가르칠 수 있다고 믿는다. 현장의 적절한 역할모델인 리더가 리더십 교육을 담당해야 가르치는 주제에 대해 권위가 있고 신뢰를 줄 수 있다고 인식한다. 이렇게 경험이 풍부한 현장의 리더들이 직원들을 가르치게 함으로써 기업문화를 다음 세대에 전수하고 있으며 이 과정에서 새로운 리더들은 선배를 통해 리더십을 배우고 있다(휴넷, 2010).

필자가 아는 모 기업에서도 현장교육을 실시한다. 신입사원
이 입사하여 영업점에 배치되면 직속 선배가 현장에서 교육을
담당한다. 그러나 선배는 일이 발생할 때마다 생각나는 대로
일의 처리 절차나 요령을 설명하고 시범을 보여준다. 또한 여
러 가지 업무 지식을 백화점식으로 나열해서 설명한다. 체계적
으로 정리된 매뉴얼이나 신입사원 현장교육에 사용되는 교재
도 없는 경우가 대부분이다. 그러니 신입사원 입장에서 해야
할 일에 대한 정리가 잘되지 않는다. 따라서 담당 업무에 대해
제대로 파악하고 이를 원활하게 처리하려면 상당히 오랜 시간
이 걸리게 된다.

또한 현장교육의 일환으로서 매주 1회 영업점 자율연수 시
간을 운영한다. 보통 오전 영업시간 시작 1시간 전에 직원들이
출근하여 30분 내지 50분 정도 현장교육을 받는다. 이 시간에
는 지점장, 중간관리자, 사원까지 모든 직원이 강사 역할을 수
행해야 한다. 지점장이나 중간관리자는 주로 경영방침, 영업목
표, 영업전략 등에 대해 전달 교육을 하고, 각각의 업무 담당
자는 순차적으로 자신이 전문성을 가지고 수행하는 업무에 대
해 지점 전체 직원을 대상으로 교육을 실시한다. 전 직원이 영
업점에서 일어나는 모든 업무에 대해 신속하고 정확하게 고객
을 응대할 수 있도록 멀티 역량을 길러주기 위해서이다.

이상과 같은 국내외 사례에서 볼 때, 현장교육은 여러 가지
장점이 있어 그 중요성이 커지고 있다. 현장의 고객이나 직원

들의 요구(needs)를 즉각 반영하여 실질적인 교육을 할 수 있고, 교육 받은 내용을 현업에 즉시 적용할 수 있으며, 교육하는 데 비용이 매우 적게 든다. 그러나 강사 역할을 하는 직원들이 강의에 대한 기본기를 알지 못하고 개인적인 느낌이나 요령 등을 중심으로 주먹구구식으로 강의를 진행하다 보니 교육 효과가 떨어지는 단점이 있다. 따라서 현장교육의 중요성이 점점 커지는 트렌드에 맞추어 현장교육을 진행하는 모든 직원들이 강의 기본기를 익혀서 이를 강의에 반영한다면 현장교육의 효과를 높일 수 있다.

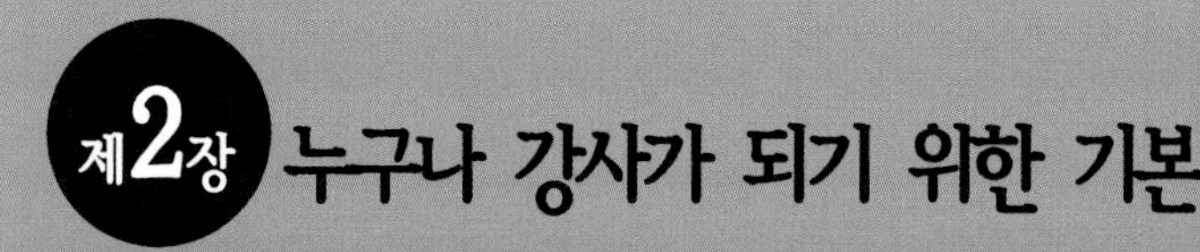

제2장 누구나 강사가 되기 위한 기본

1. 강의 기본기의 바탕이 되는 모형—교수체제개발

제1장에서 강의는 특정한 사람들의 전유물이 아니라 누구나 강사가 될 수 있고, 누구나 강사가 되어야 한다는 점을 강조하였다. 또한 강의는 사원들의 전문성, 프레젠테이션, 소통능력을 향상시켜 탁월한 인재로 키워주고 전 임직원과 사장을 행복하게 한다는 점도 제시하였다. 따라서 사원부터 사장까지 누구나 강사가 되자고 제안하였다.

그렇다면 누구나 강사가 되는 방법은 무엇인가? 그것은 강의 기본기를 잘 익히고 이를 바탕으로 연습과 실천을 반복하는 것이다. 강의 기본기만 잘 갖추고 있어도 상당한 수준의 강의를 실시할 수가 있고 이를 바탕으로 다양한 강의 기법을 추가로 연마하면 훌륭한 강사가 될 수가 있다.

그런데 강의 기본기의 바탕을 이루는 모형이 있다. 그것은 바로 교수체제개발(ISD: Instructional Systems Development)이다. 교수체제개발이란 수많은 학자들의 연구와 기업교육 현장 적용을 통해 이루어진 방법론으로서 효과적인 교육프로그램을 계획, 운영 및 평가하기 위한 체계적인 과정이다. 1950년대 미국의 군대훈련 영역에서 처음 사용되기 시작하여 최근까지 전 세계적으로 학교, 공공기관, 기업 등으로 확산되었다. 그리고 현장 상황에 적합하고 효과적인 교육프로그램을 개발하고 수행하기 위해 많은 모델들이 등장했다. 그러나 그 바탕을 이루는 것은 교수체제개발의 기본모형인 ADDIE 모형이다. 많은 기업들이 이 모형을 기반으로 교육프로그램을 개발하여 운영해 오고 있으며, 필자도 15년여에 걸친 교육 및 강의 활동을 통해서 교수체제개발 기본모형을 적용하여 많은 효과를 체험해 오고 있다. 이 모형을 그림으로 표시하면 다음과 같다.

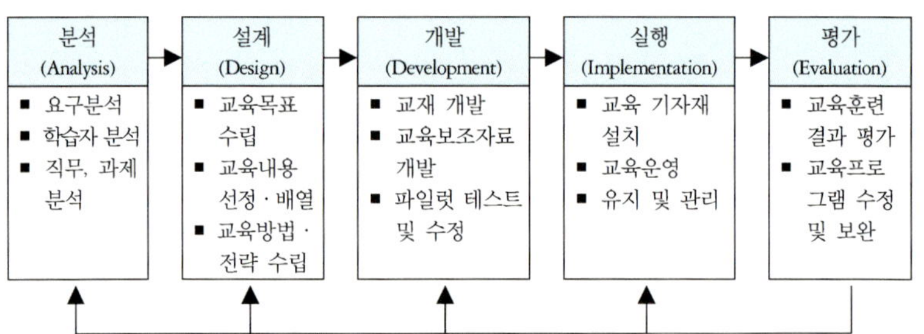

출처: 정재삼(2000)의 내용을 재구성

〈그림 1〉 교수체제개발(ISD)의 기본모형: ADDIE

분석단계는 교육프로그램을 개발하기 위해 또는 강의를 준비하기 위해 필요한 다양한 요소들을 확인하고 분석하는 단계이다. 이 단계에서는 조직이나 학습자가 필요로 하는 요구(needs)-바람직한 수준과 현재 수준과의 차이-를 분석하고, 학습자 규모, 연령, 성별, 지식수준 등을 확인한다. 또한 학습자가 속해 있는 내·외부 환경에 대한 분석도 필요하다. 아울러 학습자가 수행하거나 관계되는 직무와 과제 등에 대한 분석을 통해 효과적인 교육프로그램을 설계하기 위한 기초 활동을 수행한다.

설계단계는 분석단계에서 수행한 결과를 바탕으로 우선 교육목표를 결정하고 이 교육목표를 달성하기 위해 필요한 교육과목 또는 교육내용을 선정하고 배열한다. 아울러 효과적인 교육방법을 선택하고 이러한 교육을 진행할 내·외부 강사를 선정한다. 교보재 개발 계획, 평가계획 등도 이 단계에서 수행하는 활동들이다.

개발단계는 교육에 필요한 제반 교보재를 만들고 교육 준비를 마무리하는 단계이다. 먼저 학습자에게 제공할 교재를 만들어 준비하고 교육 진행에 필요한 각종 보조 자료들을 준비한다. 슬라이드, 유인물, 실습도구, 토론도구, 평가도구 등이 이에 해당한다. 그리고 분석, 설계, 개발 단계를 통해 만들어진 교육프로그램에 대한 파일럿 테스트(시험 운영)를 통해 해당 교육프로그램을 최종적으로 수정·보완하여 교육 준비를 완료한다.

실행단계에서는 교육에 사용되는 각종 기자재를 설치하고

교육에 참석한 학습자를 대상으로 실제적으로 교육을 운영한다. 강사 지원, 학습자 지원, 시설 및 기자재 지원 등의 유지 및 관리 활동을 수행하면서 교육이 원활하게 진행될 수 있도록 관리활동을 수행한다.

평가단계는 교육목표에 비추어 교육프로그램을 실행한 결과를 평가하여 그 가치를 판단하고, 프로그램의 질을 높이기 위해서 필요한 부분을 수정하고 보완하는 과정이다. 일반적으로 미국의 교육학자인 커크패트릭(Kirkpatrick)의 4단계 평가모형을 많이 활용한다. 그것의 1단계 평가는 반응(Reaction)평가인데 교육에 대한 학습자의 반응을 측정하여 교육만족도를 평가한다. 2단계 평가는 학습(Learning)평가로 학습자의 변화된 지식, 기술, 태도 등을 측정하여 평가한다. 3단계 평가는 행동(Behavior)평가이다. 여기에서는 교육을 받고 난 후 행동의 변화와 직무적용 여부를 평가한다. 4단계는 결과(Results)평가로 조직의 경영성과에 대한 기여도를 평가한다.

2. 누구나 강사가 되기 위한 강의 기본기
-강의활동모형

　얼마 전 기업교육 관련 협회 세미나에 참석한 일이 있었다. 그 세미나는 최신의 기업교육 방법을 적용하여 성공한 사례를 발표하고 참석한 회원 상호 간 토론과 인적 교류를 나누는 행사였다. 세미나 주제에 대해 많은 관심을 가지고 있던 나는 유용한 지식과 정보를 얻을 수 있는 좋은 기회라 생각하고 행사 시작 20분 전에 세미나 장소에 도착했다.

　그러나 행사 시작 전부터 나의 기대는 무너졌다. 참석자들에게 당연히 제공되어야 할 교재가 준비되지 않았고 책상 위에 행사 시간표와 메모할 수 있는 빈 A4용지만 덜렁 놓여 있는 것이었다. 또한 제반 교육 기자재에 대한 준비가 상당히 미흡해 보였다. 한마디로 교육 또는 강의의 기본이 되어 있지 않았다.

　세미나 행사가 시작되어 첫 번째 강사가 등장했다. 그는 깔끔한 용모와 복장, 밝은 표정의 얼굴로 첫인상에서 상당한 호감과 신뢰감을 느끼게 해주었다. 그는 A기업 교육 담당자로서 최신의 기업교육 방법을 적용하여 A기업 지점의 영업실적을 향상시킨 사례에 대해 강의하기 시작했다. 그러나 강의실에 준비된 마이크가 유선 마이크이다 보니 발표 위치에 제약을 느껴서 그런지 어정쩡한 위치에 서서 강의를 진행하였다. 강의 도입부에서는 주의집중, 동기부여, 학습개요 등에 관한 진행이 거의 이루어지지 않았고 본론 부분에서도 강의 내용 구성의 체계가 없고 중구남방으로 진행하였다. 또한 참가자들에게 익숙하지 않은 영어 약자를 남발하며 설명하다 보니 이해도 잘 안가고 강의에 대한 집중도도 떨어졌다. 마무리 부분에서의 요약 및 정리, 핵심 포인트 강조, 적절한 마무리 멘트 등에서도 상당히 미흡하였다.

두 번째와 세 번째 강사의 강의에서도 많은 문제점들이 노출되었다. 강의 슬라이드 내용이 과다하여 강사에 대한 시선 집중이 어려운 경우가 많았고 목소리 톤에 변화가 없고 말의 속도가 빠르며 "그~, 에~" 등과 같은 불필요한 반복어를 많이 사용하였다. 자세에서는 강사의 위치가 부적절하고 호주머니에 손을 넣고 강의를 진행하는 점, 시선을 참가자들에게 골고루 주지 않고 한곳만 계속 바라보며 진행한다는 점이 거슬렸다. 한 강사는 해외기업 사례를 소개해서 그런지 잘 이해가 되지 않는 영어 사용을 남발하고 참석자들과의 상호작용이 거의 없이 혼자서만 강의를 진행한다는 점 등 만족스럽지 못한 점이 많이 발견되었다. 그러다 보니 참석자들의 관심을 분산시키고 수강하고자 하는 의욕을 떨어뜨렸다. 혹시나 하고 참석했다가 역시나 하고 실망만을 안겨준 세미나 행사였다.

이 세미나 행사에 강사로 나선 사람들은 자기 분야에서 전문적인 역량을 지니고 있는지는 몰라도 내게는 전문가로 보이지 않았다. 자신들이 보유한 지식과 정보를 제대로 표현하여 전달하지 못하기 때문이라는 생각이 들었다. 한마디로 강의 기본기가 제대로 갖추어지지 않았다. 이 분들이 강의 기본기를 적용하여 기업교육 성공 사례에 대해 강의를 했더라면 많은 기대를 가지고 참석한 우리들에게 얼마나 유익한 시간이 되었을까하는 아쉬움이 남는 경험이었다.

이렇게 중요한 강의 기본기는 과연 무엇인가? 그것은 교수체제개발(ISD)에 바탕을 둔 강의활동모형의 프로세스를 이해하고 각 단계별 주요 기법들을 배우고 익혀서 자기 것으로 만든 기술을 말한다. 수많은 교수, 교사, 기업교육 전문 강사들이 이 모형을 기반으로 강의를 개발하여 실시해 오고 있으며, 필자도 이 강의활동모형을 적용하여 많은 효과를 보고 있다. 이 모형을 그림으로 표시하면 다음과 같다.

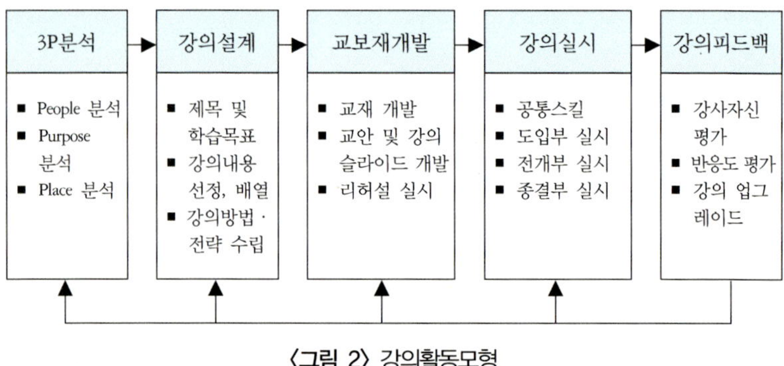

〈그림 2〉 강의활동모형

강의활동모형의 첫 번째 단계는 3P분석이다. 3P란 People(학습자), Purpose(목적), Place(장소)를 말한다(야하타 히로시, 2003). People 분석은 강의에 참가하는 대상자, 즉 학습자에 대한 것을 분석하는 것이다. 이 단계에서는 학습자의 내·외부 환경에 대한 분석, 학습자의 직무와 과제 등에 대한 분석, 학습자가 필요로 하는 요구(needs) 분석 등의 활동을 수행하고, 학습자 규모, 연령, 성별, 지식수준 등을 확인한다. Purpose 분석은 강의의 목적을 분석하는 일이다. 여기에서는 강사의 목적과 더불어 학습자의 목적도 함께 분석하여 준비한다. Place 분석은 강의 장소를 분석하는 활동이다.

강의 설계 단계는 3P 분석 단계에서 수행한 결과를 바탕으로 우선 강의 제목과 학습목표를 결정하고 이 학습목표를 달성하기 위해 필요한 강의 내용을 선정하고 배열한다. 아울러 효과적인 강의 방법을 선택하고 강의 전략을 세운다. 교보재 활용 계획, 리스크 조치 계획 등도 이 단계에서 수행하는 활동들이다.

교보재개발 단계는 강의에 필요한 제반 교육 보조 재료들을 만들고 강의 준비를 완료하는 단계이다. 학습자의 중요한 학습 도구 중 하나인 교재를 만들어 준비하고 강의 실시에 필요한 각종 보조 재료들을 준비한다. 교안, 강의 슬라이드, 유인물, 각종 강의 실시 도구 등이 이에 해당한다. 그리고 강의 리허설을 통해 최종적으로 수정·보완하여 강의 준비를 마무리한다.

강의 실시 단계는 실제 강단에서 강의를 진행하는 활동들로 이루어진다. 여기에서는 각종 강의 실시 기법을 적용하여 강의를 진행하는데, 공통적으로 적용되는 스킬인 강사 이미지, 언어적 기법, 비언어적 기법 등을 사용하고, 효과적으로 강의를 실시하기 위한 도입부 실시기법, 전개부 실시기법, 종결부 실시기법을 적용한다.

강의

피드백단계는 강의를 마치고 그 결과를 분석해보고 강의의 질을 업그레이드시키기 위해서 수정하고 보완하는 과정이다. 먼저 강사 스스로 자신이 실시한 강의에 대해 냉정하게 평가해본다. 또한 학습자의 강의만족도 결과인 반응도평가 자료도 확인해본다. 이러한 평가 결과를 바탕으로 강의 활동 각 단계에 필요한 수정 및 보완 조치를 강구하고 강의 업그레이드를 위한 각종의 활동들을 수행한다.

우리가 어떤 일을 수행할 때나 어떤 과목을 공부할 경우 먼저 전체적인 큰 그림을 파악하는 것이 중요하다. 강의 활동에서도 마찬가지이다. 앞에서 알아본 강의활동모형의 전체적인 흐름을 먼저 확실하게 각인시켜 놓고 세부적인 활동들을 수행하는 것이 효과적이다. 강의활동모형의 각 단계에서 적용해야 할 기법들은 제3장부터 제5장에 걸쳐 구체적이고 심도 있게 알아볼 것이다.

3. 강사는 자신의 역할을 알고 있어야

역할(role)이란 개인이 가지고 있는 지위에 맞게 행동하고 수행하도록 사회적으로 기대되고 요구되는 행동양식이다. 예를 들면 부모와 자식 관계에서는 각각 부모는 부모답게, 자식은 자식답게 행동하도록 기대되고 있는 행동내용과 행동방식이 있는데, 그것이 부모의 역할, 자식의 역할이다. 이렇게 개인의 의사나 능력에 관계없이 선천적으로 부과되는 역할이 있고, 조직 내에서 상사의 역할, 부하의 역할처럼 개인의 능력과 노력으로 선택되는 역할이 있다. 이와 마찬가지로 누구나 강사가 되기 위해서는 강사로서의 역할을 알고 있어야 하고 강사답게 행동해야 한다.

강사의 역할에 대해서는 여러 학자들에 의해 여러 가지 역할을 제시하고 있는데, 가장 대표적인 역할 다섯 가지를 꼽자면 전문가, 기획자, 강의자, 퍼실리테이터, 멘토이다. 첫째, 전문가로서의 역할이다. 강사는 자신의 분야에 대해 충분한 전문 지식과 경험을 가지고 있어야 한다. 그래야만 다른 사람들을 가르칠 수가 있다. 자신도 잘 모르는 내용을 어떻게 다른 사람에게 전달하고 그들의 역량을 개발하는 데 도움을 줄 수 있겠는가? 그러나 전문가가 된다는 것이 하루아침에 이루어지는 것은 아니다. 끊임없이 배우고 학습하면서 경험을 쌓아가야 한다. 그리고 제1장에서도 언급하였듯이 강의를 준비하고 실시하며 피드백하는 과정을 통해 전문가로의 성장을 촉진시킬 수 있다. 그리하여 이론과 실무를 겸비한 자만이 진정한 전문가라 할 수 있다.

둘째, 기획자로서의 역할이다. 이 역할은 교육프로그램을 개발하거나 강의를 준비할 때 요구되는 역할이다. 앞서 알아보았던 교수체제개발 모형에서 분석, 설계, 개발의 단계에서 수행하는 일이나 강의활동모형에서 3P분석, 강의 설계, 교보재개발 단계에서 수행하는 역할들이 바로, 기획자의 역할이 된다.

셋째, 강의자의 역할은 지식, 정보, 기술 등을 효과적으로 전달하여 학습자들의 역량 향상에 도움을 주는 역할이다. 가장 대표적인 강사의 역할이라 할 수 있다. 여기에는 설명, 설득, 동기부여, 과제부여, 평가 등과 같이 강사가 주도적으로 이끌어가는 강의 활동을 포함한다. 여기에서 필요한 것이 강의기법이다. 많은 것을 알고 있다고 해서 잘 가르치는 것은 아니다. 강사는 학습자에 전달할 유익한 내용을 가지고 있어야 할 뿐만 아니라 효과적으로 전달하는 기술적인 능력도 있어야 한다.

강의자로서 강사의 역할은 학습자가 초보자이거나 대규모 집단일 경우, 또는 특수한 기술과 관련된 학습목표를 가지고 있을 때 보다 효과적이다. 반면에 학습자의 의존성을 높이고 학습자의 개성과 경험을 간과하거나 학습자와의 상호작용이 부족할 수 있는 단점이 있다.

넷째, 퍼실리테이터(Facilitator)의 역할이다. 퍼실리테이터는 우리말로 바꾸면 촉진자, 안내자, 조력자라는 뜻이다. 최근에 많이 사용되는 용어로서 특히 성인교육에서 대표적으로 사용되는 용어이다. 이 역할은 학습활동이 촉진될 수 있도록 이끌어가는 역할을 말하며, 학습자에 대한 안내, 지원 및 조력을 강조한다.

퍼실리테이터로서 강사의 역할은 학습자의 경험이 풍부하거나 자기주도적인 학습자일 경우 사용하면 효과적이다. 주로 토론식 수업, 문제해결중심 수업, 워크숍식 수업 등에서 사용된다. 반면에 이 역할은 학습자가 기초적인 지식을 습득하거나 특정한 기술을 습득하고자 할 때에는 적합하지 않다.

다섯째, 멘토(Mentor)로서의 역할이다. 멘토라는 말의 기원은 그리스 신화에서 나왔다. 고대 그리스의 이타카 왕국의 왕인 오디세우스가 트로이 전쟁을 떠나며, 자신의 아들인 텔레마코스를 보살펴 달라고 한 친구에게 맡겼는데, 그 친구의 이름이 바로 멘토였다. 그는 오디세우스가 전쟁에서 돌아오기까지 텔레마코스의 친구, 선생님, 상담자, 때로는 아버지가 되어 그를 잘 돌보아 주었다. 그 후로 멘토라는 그의 이름은 지혜와 신뢰로 한 사람의 인생을 이끌어 주는 지도자라는 의미로 사용되어 왔다(최병권, 2003). 이러한 의미의 멘토링(Mentoring)은 기업의 교육현장에서 많이 이용되고 있다. 회사나 업무에 대한 전문 지식과 풍부한 경험을 갖고 있는 선배 또는 상사가 멘토로서 후배 또는 부하직원을 비교적 장기간에 걸쳐 안내, 지도, 조언하면서 그들을 조직에 잘 적응시키면서 역량을 키워주는 활동을 수행한다.

멘토로서 강사의 역할은 학습자가 원활하게 학습을 할 수 있게 해주는 동시에 그들의 성장을 도와주는 조력자이다. 강사는 단순히 지식, 정보, 기술 등을 학습자에게 전달하는 것에 그치는 것이 아니라 지도선배로서 학습자와 나아갈 방향을 함께하는 동반자이다.

4. 강사가 되려면 이러한 태도를 갖추어야

　　강사의 역할을 제대로 수행하려면 그에 상응하는 필요 역량 (competency)을 갖추어야 한다. 역량이란 사전적으로 '어떤 일을 해낼 수 있는 힘'이라고 정의되는데 일반적으로 ASK를 그 구성요소로 본다. ASK는 Attitude(태도), Skill(기술), Knowledge(지식)을 말한다. 이 세 가지 구성요소 중에서 가장 중요한 것은 바로 태도이다. 태도란 어떤 사물이나 사실에 대해 가지는 마음가짐이나 자세를 말한다. 아무리 강사가 전문지식이 풍부하고 강의기술이 뛰어나도 태도가 적절하지 않으면 학습자에게 공감을 얻지 못한다. 따라서 강사가 갖추어야 할 태도는 기본 중에 기본이라 할 수 있다. 강사가 갖추어야 할 태도는 여러 가지가 있다. 이를 세 가지 분야로 구분하여 알아보면 다음과 같다.

1) 자신에 대한 태도

(1) 열정

강사가 자신에게 갖추어야 할 첫 번째 태도는 열정이다. 강사는 학습자에게 긍정적인 영향을 미쳐 그들을 개발시키거나 변화하게 하는 일에 불타는 열정과 의욕을 가져야 한다. 강사가 불타지 않고는 학습자를 불태울 수 없다. 강의업무를 사랑하고 열과 성의를 다하여 그것을 훌륭히 달성하려는 강한 성취의욕을 가져야 한다.

(2) 소명의식

강의라는 일은 그저 우연한 것이 아니라 절대자 또는 우주로부터 그 일을 하도록 부름을 받았다는 사명감과 강한 의욕을 가져야 한다. 그리하여 다른 사람들을 도와 그들을 긍정적으로 변화시키는 강의업무에 대해 가치 있고 의미 있는 일을 하고 있다는 긍지를 갖고 임해야 하며, 자신의 일이 조직의 경쟁력 강화에 크게 기여한다는 자부심을 가져야 한다.

(3) 변화주도

강사는 변화하는 세상의 트렌드에 맞추어 자신의 일에 대해 항상 문제의식을 갖고 개선점을 모색하여야 한다. 항상 연구하고 학습하는 자세를 가지고 자신을 긍정적으로 변화시켜야 하고 역량을 업그레이드시켜야 한다.

(4) 최상의 컨디션

강사가 최상의 컨디션으로 강단에 서는 것은 학습자들에 대한 기본적인 예의다. 최상의 컨디션을 가지고 있어야 힘 있고 활기차게 강의를 진행할 수 있다. 결국 강의효과는 그날의 컨디션에 의해 좌우되는 경우가 많으므로 강사는 항상 신체적으로, 정신적으로 최상의 컨디션을 유지할 수 있도록 신경을 써야 한다. 특히 강의 전날의 약속은 자제해야 하고 음주하는 것을 삼가도록 한다.

2) 학습자에 대한 태도

(1) 감동 서비스

강사에게 있어서 학습자는 바로 고객이다. 학습자가 없는 강사는 존재의 가치가 없다. 따라서 어떻게 하면 학습자에게 고객만족을 넘어 교육 감동서비스를 제공할 것인가에 대해 끊임없이 고민하고 연구해야 하고 최선을 다한다는 태도를 가져야 한다.

(2) 좋은 이미지

강사는 항상 깔끔한 용모와 복장을 유지해야 한다. 용모와 복장은 강사의 인격과 교양의 표시이다. 아울러 항상 밝은 표정과 미소를 유지해야 하고, 정성을 담아 먼저 인사하는 습관을 가져야 하며, 친절한 말씨와 겸손한 자세를 유지해야 한다.

(3) 전문성

강사는 학습자에게 지식, 기술, 태도를 습득하게 함으로써 직무수행능력을 향상시켜야 하므로 자신이 먼저 전문적인 이론과 실무능력을 갖추어야 한다. 또한 효과적인 강의를 제공하기 위해 강의기법을 지속적으로 향상시켜 전문가다운 모습을 보여 주어야 한다. 그러기 위해서는 평소 생활 속에서 새로운 아이디어나 소재를 발굴하고, 관련 자료를 수집·정리하면서 항상 배우고 연구하는 자세가 습관화되어야 한다.

(4) 공정성

학습자를 대할 때 어떤 특정한 사람들을 편애해서는 안 된다. 강사의 시선도 학습자에 대한 관심과 애정을 나타낸다. 자신이 잘 알거나 좋아하는 사람들에게만 시선을 주어서는 안 되고 모든 학습자를 대상으로 골고루 시선을 주어야 한다. 또한 수업과 관련하여 학습자에 대한 규칙, 과제, 평가 등의 적용은 공정하고 엄정해야 한다.

3) 조직에 대한 태도

(1) 경영전략 연계

강사는 조직 전체의 미션, 비전, 전략 등 가치체계를 잘 숙지하여야 하고 이에 따른 경영과제, 인재상, 교육훈련방침 등을 잘 알고 있어야 한다. 그리고 이러한 조직의 경영전략이 교육 및 강의 내용에 연계되어 잘 반영되어야 한다. 강의를 통해 전달하는 지식, 정보, 기술 등이 단편적인 것이 아니라 학습자 개인의 성장과 조직의 발전에 기여할 수가 있어야 진정 가치 있는 강의가 될 수 있다.

(2) 직업윤리

강사는 사람들을 가르치는 일을 하므로 그에 따른 올바른 가치관과 윤리의식을 가지고 모범을 보여야 한다. 그래야만 학습자로부터 신뢰를 얻을 수 있다. 강사가 부적절한 처신을 하면서 남을 가르친다는 것은 말이 안 된다. 특히 최근 경영의 중요 이슈인 윤리경영 실천을 위해 솔선수범하는 모습을 보여야 한다. 조직의 윤리강령과 준법 관련 법규를 가치판단과 행동의 기준으로 삼고 정당한 절차와 방법으로 최선을 다해 맡은 직무를 성실히 수행해야 한다. 또한 개인생활에 있어서도 높은 수준의 윤리적 가치관을 확립하여 품위와 명예를 유지하고 다른 사람들이 본받을 수 있는 태도를 보여 주어야 한다.

(3) 팀워크

조직 내에서 강사는 조직에서 함께 일하면서 공동의 목표를 달성하기 위해 서로 배려하고 협력하는 팀원 중 한 명이다. 따라서 강사는 소속 부서나 팀의 다른 동료들을 존중해야 한다. 원활한 의사소통과 적극적인 업무협조로 훌륭한 팀워크를 이루어 내는 데도 주도적으로 행동해야 한다. 또한 조직 내 다른 부서 직원들과 적극적인 협조관계를 잘 유지해야 한다.

(4) 경쟁력 제고

강사는 강의 활동을 통해 조직 구성원에게 양질의 지식, 기술, 태도 등을 전달하여 이를 습득케 함으로써 그들의 지식 경쟁력 향상에 기여한다는 책임감을 가져야 한다. 나아가 조직의 지식경영 및 학습문화를 촉진시켜 조직 전체의 경쟁력을 높이는 데 중요한 역할을 담당한다는 자부심과 긍정적 태도를 견지해야 한다.

5. 강사가 되는 과정은?

필자는 과거 다양한 형태의 강의 경험을 가지고 있다. 직장 내 영업점에서 동료 직원들을 대상으로 내가 맡은 직무 분야에 대해 강의를 한 것을 시작으로 해서 본부부서 책임자로서 영업점 직원들을 대상으로 강의를 하였고, 정식으로 연수원 교수로 선발되어 직장 내 전문 사내강사로서 활동을 하였다. 콜센터 교육팀장을 맡아서는 콜센터 사내강사를 양성하기 위한 교육프로그램 및 연구강의 활동을 주도하였다. 그 후에는 1인 평생교육기업가 활동을 하면서 기업교육 전문강사와 대학교수로서도 활동하였다. 이러한 경험을 바탕으로 누구나 강사가 되는 빠르고도 효과적인 양성절차를 제시하고자 한다.

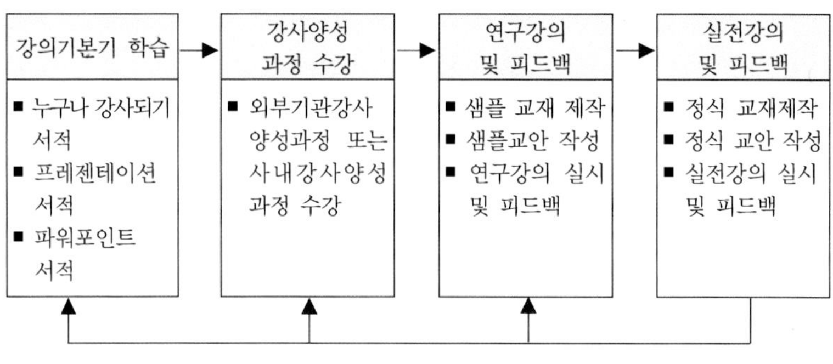

〈그림 3〉 강사양성 절차

누구나 강사가 되기 위한 첫 단계는 강의 기본기를 학습하는 것이다. 아무리 입담이 좋고 천성적으로 남 앞에서 이야기하는 것을 좋아한다고 해도 반드시 훌륭한 강사가 될 수는 없다. 강의 기본기를 익히고 이를 적용하여 본인의 장점을 살릴 때 비로소 훌륭한 강사가 되는 것이다.

강의 기본기는 앞에서 알아보았듯이 교수체제개발(ISD)에 바탕을 둔 강의활동모형의 프로세스를 이해하고 각 단계별 주요 기법들을 배우고 익혀서 자기 것으로 만든 기술을 말한다. 이 기본기에 대해서는 이 책을 스스로 학습함으로써 강의 기본기를 습득할 수 있을 것이다. 이와 관련하여 참고 서적으로는 프레젠테이션 관련 서적과 강의 슬라이드 제작에 꼭 필요한 파워포인트 관련 서적을 권하고자 한다.

두 번째 단계는 강사양성과정에 참가하여 실질적인 교육을 받는 것이다. 외부의 기업교육 전문기관에서 운영하는 강사양성 기본과정에 참가하거나 회사 내에서 개설하여 외부 또는 내부 강사가 진행하는 사내강사양성과정에 참가하여 강사의 실제적인 강의기법을 눈으로 보고 익히며, 다양한 학습과 실습을 통해 강의기법을 향상시킬 수 있다. 전 임직원이 누구나 강사가 되기 위해서는 많은 인원이 교육에 참가해야 하므로 외부기관에서 운영하는 강사양성과정보다는 사내강사양성과정으로 운영하는 것이 효율적이다.

세 번째 단계는 연구강의 및 피드백을 실시하는 것이다. 수영을 잘하려면 수영에 대한 지식과 기술을 머릿속으로만 익혀서는 아무런 효과가 없다. 실제 물에 들어가 허우적거리면서 손발도 저어보고 물도 먹어 보고 해야 빨리 익힐 수가 있다(전기정, 2005). 강의도 마찬가지이다. 실제로 해보는 것이 강사가 되는 빠른 길이다. 그런 의미에서 연구강의 및 피드백은 강사가 되기 위해 활용할 수 있는 아주 좋은 방법이다. 강의 기본기 학습과 강사양성과정을 수강한 사람들에 대해 실전 강의에 투입하기 전에 반드시 연구강의 및 피드백을 실시해야 한다. 조직 내에서 별도이 시간과 장소를 정해 샘플 교재, 샘플 교안을 작성하여 연구강의를 실시하고 상사, 동료, 부하들로부터 피드백을 받아 장점을 강화하고 단점을 보완하는 활동을 실시한다.

네 번째 단계는 실전강의를 실시하는 것이다. 처음 실전강의를 실시할 때에는 부담감이 적도록 자신이 가장 잘 알고 있는 분야를 강의주제로 선정하고 시간도 짧은 강의를 맡는 것이 좋다. 이때에는 그동안 배우고 익힌 강의 기본기를 바탕으로 강의활동모형의 프로세스대로 강의를 준비하여 실전 강의를 실시하고 철저한 피드백을 통해 수정·보완하여 다음에 있을 실전 강의에 대비한다.

제3장 강의 준비는 이렇게

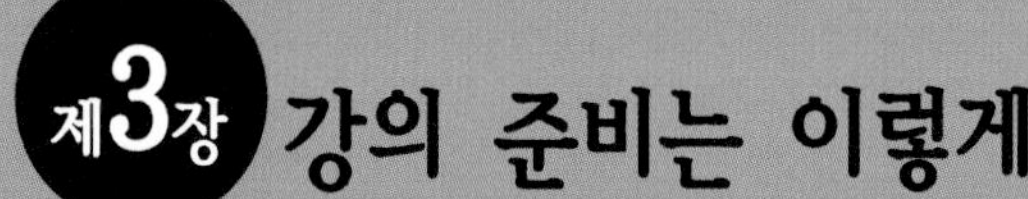

20세기 초 국가 간의 탐험 경쟁이 치열했을 때 두 탐험대가 최초로 남극점을 정복하기 위해 길을 떠났다. 하나는 노르웨이 아문센이 이끄는 팀이었고 다른 하나는 영국의 스콧 경이 이끄는 팀이었다. 이 경쟁에서의 승자는 아문센이었다. 스콧의 탐험대가 남극점에 도달했을 때는 이미 아문센이 한 달 전에 꽂아 놓은 노르웨이 국기가 펄럭이고 있었다.

두 팀은 준비에서부터 달랐다. 스콧 경은 남극탐험을 위해 이동 수단으로서 말과 모터 썰매를 준비했다. 그러나 며칠 만에 말은 얼어 죽었고, 모터 썰매 역시 얼어붙었다. 그래서 대원들이 모든 짐을 지고 가야 했기 때문에 이동 속도가 느렸다. 반면에 아문센은 에스키모인들이 이용하는 개썰매를 준비했다. 북극의 추위에 익숙하기 때문에 남극의 추위도 잘 견딜 것이라는 치밀한 계산이 깔려 있었다. 또한 스콧 경은 돌아올 것을 대비해 두세 곳에 만든 식량 저장소에 오직 한 개의 깃발만을 꽂아 두었기 때문에 돌아올 때 식량저장소를 찾지 못해 스콧 경과 대원들은 추위와 굶주림에 떨다가 결국 모두 사망했다. 반면에 아문센은 식량 저장소 부근의 20여 개 장수에 깃발을 꽂아 두어 날씨 변화에 철저하게 대비했다. 그래서 그들은 식량저장소를 제대로 사용했다. 이렇게 사전에 철저하게 준비한 덕에 아문센의 탐험대는 세계 최초로 남극점을 정복하고 한 명의 희생자도 없이 무사히 돌아왔다(Leaderpia, 2008).

준비의 중요성이 무엇인지를 보여주는 사례이다. 강의에서도 마찬가지이다. 준비된 강의와 준비 안 된 강의는 엄청난 차이가 있다. 철저하게 준비된 강의는 성공을 가능하게 하지만 준비가 안 된 강의는 결국 실패할 수밖에 없다. 이 장에서 다루는 3P 분석, 강의 설계, 교보재 개발 등 주요 기법을 잘 익혀서 치밀하게 강의를 준비하는 습관을 기르도록 하자.

1. 먼저 학습자(People)에 대해 알아보아야

　우리가 어떤 주제에 대해 강의를 하기 위해 준비할 경우 가장 먼저 해야 할 일은 3P 분석을 하는 일이다. 3P란 People(학습자), Purpose(목적), Place(장소)를 말한다. 이 중에서 가장 중요하고 우선적으로 분석해야 하는 것이 People이다. People은 학습자, 수강생, 연수생, 교육 대상자 등으로 표현할 수 있는데 이들에 대해 잘 알고 이들의 성향이나 요구에 맞게 강의를 준비하는 것이 강의 효과를 높일 수 있다. 여기에서는 먼저 학습자에 대한 특성을 먼저 파악하고, 학습자의 수, 연령분포, 성별, 지식수준 등을 사전에 파악하고 분석 결과에 따라 최적의 강의기법을 구사할 수 있도록 준비해야 한다.

1) 성인학습자의 특성

기업이나 공공기관에서 수업에 참가하는 사람들의 대부분은 성인학습자이다. 성인학습자는 아동과는 다른 몇 가지 특성을 가지고 있다. 먼저 성인학습자는 실무나 실생활에 필요한 학습에 대한 요구를 가지고 있다. 따라서 단순한 이론의 나열이 되어서는 안 되고 실무나 실생활에 즉시 활용할 수 있는 지식이나 도구를 제공할 수 있도록 준비해야 한다. 또한 성인학습자는 살아오면서 다양한 경험을 가지고 있기 때문에 그들의 경험을 학습 내용에 적절히 연결시키고 그들의 경험을 토론이나 실습 등에 적극 반영시키는 준비가 필요하다. 그리고 성인학습자들은 각자 나름대로의 독립적인 자아개념이나 신조 등을 가지고 있는 특성이 있다. 이러한 특성을 잘 반영하려면 학습자가 자신의 의견이나 주장을 펼칠 수 있도록 질의응답, 토론, 발표 등의 참여식 강의 방법을 적용하여 학습자가 강의에 적극 참여할 수 있도록 준비해야 한다.

2) 학습자 환경분석

학습자의 특성과 관련하여 사전에 분석해야 할 또 다른 부분으로서 이들이 속한 조직과 일에 관련된 것들이 있다. 학습자가 소속된 조직의 연혁, 경영현황, 미래 계획, 외부 환경 등을 사전에 파악할 필요가 있다. 이들이 속한 조직의 관심사와 관련된 사례를 활용하고 조직의 비전, 미션, 전략 관련 용어를 적극 사용하며 조직의 업종 및 외부환경 관련 이야기를 활용할 수 있도록 준비하는 것이 필요하다. 또한 학습자의 직위 및 역할, 담당하고 있는 직무, 부여된 과제 등을 사전에 분석한다. 그래서 이들의 직위나 역할과 관련된 관심사를 강의 내용에 반영하는 것이 좋다. 이들이 주로 사용하는 직무 관련 용어도 잘 파악하여 강의에 반영하도록 준비하면 학습자와의 친근감을 높여 강의에 대한 관심을 끌고 주의를 집중시킬 수 있다.

3) 요구분석

요구(needs)는 이상적인 상태(수준)와 현재 상태(수준)와의 차이를 말한다. 즉 학습자가 알고자 하는 것, 습득할 필요가 있는 것이다. 이러한 요구를 분석 단계에서 잘 파악하여 이것들을 채워줄 수 있는 내용을 강의에 적극적으로 반영해 주어야 한다. 요구조사 방법은 학습자 전원에게 설문지를 돌려서 수집하거나 전체를 대변할 수 있는 주요 인물을 몇 명 선정하여 직접 면담하거나 전화로 조사할 수 있다. 이렇게 조사한 결과를 우선순위에 따라 잘 분석하여 강의 설계 시 반영하도록 한다.

4) 인구통계적 분석

강의에 참가하는 학습자의 규모와 관련하여 사전에 분석해야 할 내용을 살펴보면, 첫째, 학습자의 수에 관한 것이다. 학습자의 수가 소수(보통 30인 이내)이면 학습자 상호 간에 긴밀하고 자신들이 잘 노출되어 약간의 긴장감을 가지고 있는 특성이 있다. 이때는 강의 주제를 좁혀 보다 구체적으로 이야기를 전개하고 학습자 한 사람 한 사람과 시선을 교환하면서 대화하듯이, 말을 걸듯이 강의를 진행하도록 준비한다. 팀별 좌석 배치 여부도 고려할 대상이다. 학습자의 수가 다수(보통 30인 초과)이면 학습자들이 제각각으로 행동하고 긴장감이 적은 특성이 있다. 이러한 경우에는 일반적이고 관심 끄는 주제를 선정하는 것이 좋고 학습자의 주의력을 집중시킬 수 방법들을 준비해야 한다. 특히 뒤에 앉은 학습자들에게도 시각자료가 잘 보이도록 준비해야 한다.

둘째, 학습자의 나이에 관한 것이다. 학습자들이 20대에서 30대 초반의 젊은 층이면 이상주의적, 도전적, 모험적이라는 특성을 가지고 있다. 이들을 대상으로 강의할 때는 격의 없는 편안한 화법을 구사하고 형이나 오빠란 의식을 가지도록 친밀하게 진행하도록 준비한다. 최근 트렌드에 맞고 공감할 수 있는 용어를 사용하고 고사성어 등 어려운 한자어는 자제하는 것이 좋다. 30대 중반 이후의 중장년층, 노년층은 현실적, 논리적, 보수적이라는 특성을 가지고 있다. 이들이 주 대상일 경우에는 현실적이고 논리적인 설명을 할 수 있도록 준비하고 공손하고 예의 바른 태도를 유지하도록 신경을 써야 한다.

셋째, 성별에 대한 분석이다. 여성은 감수성이 풍부하고 섬세한 마음을 가진 특성을 가지고 있다. 따라서 여성들을 주 대상으로 강의할 경우 성별에 대한 불필요한 언급을 삼가고 생활 주변에서의 구체적인 사례를 많이 인용하며 감성에 호소할 수 있는 강의 방법을 준비하는 것이 효과적이다. 남성은 논리적이고 문제해결적이라는 특성을 가지고 있다. 이들에게는 인과관계를 보여주고 근거자료를 명확히 제시하는 방법을 사용하는 것이 좋고 통계 수치를 적극 활용하는 것도 좋은 방법이다. 또한 여성보다는 덜하지만 감성적 요소도 적당하게 가미하여 강의를 준비하는 것이 효과적이다.

5) 지식수준

학습자의 지식수준을 분석하는 것은 강의 내용의 수준을 결정하는 데 중요하다. 지식수준이 낮은 학습자들은 구체적인 것, 실질적인 것을 좋아하는 특성이 있다. 이들에 대해서는 눈높이에 맞추어서 이야기를 전개하는 것이 필요하다. 또한 가급적 전문용어는 배제하고 불가피하게 사용해야 할 경우 그 의미를 설명해 주어야 한다. 또한 생활 속의 예화를 찾아 쉽게 해설할 수 있도록 준비하는 것이 좋다. 이에 비해 지식수준이 높은 학습자들은 이론적, 논리적이고 폭 넓은 관점을 가지고 있는 특성이 있다. 이들에게는 많은 데이터를 준비하여 논리를 뒷받침할 수 있도록 하고 질의·응답에 철저히 대비해야 한다. 또한 강사가 심리적으로 위축되지 않도록 해야 한다. 위축되면 강사가 전달하고자 하는 내용을 제대로 전달할 수 없게 된다. 강의를 준비할 때부터 강력한 자기 최면을 걸어 자신감을 유지해야 한다. 지식수준이 낮은 사람과 높은 사람이 혼재되어 있는 경우에는 양쪽의 특성을 모두 보유하고 있으므로 일단 비율이 높은 층을 주 대상으로 강의를 준비한다. 또한 강의 중간에 비중이 낮은 층을 위해 보완 설명을 할 수 있도록 해야 하고 질의·응답 등의 방법을 이용하여 적극적으로 상호작용이 될 수 있도록 준비해야 한다.

학습자가 이미 알고 있거나 배운 내용을 파악하는 것도 필요하다. 이것을 통해 강의 내용의 수준과 진도 등을 판단하여 중복된 내용은 과감하게 생략하고 신선한 내용을 준비할 수 있도록 해야 한다. 그래야지만 학습자의 관심과 집중을 유지할 수 있다. 또한 하나의 교육 프로그램에 여러 강사가 참여할 경우 전체 시간표를 검토하여 다른 강사들이 담당하는 내용이 자신의 강의 내용과 중복되었는지 여부를 확인하고 전체 프로그램의 흐름에 맞게 강의 내용을 준비해야 한다.

◈ People 분석 실패 사례

:: **개요**

　몇 년 전 '환테크'란 주제로 강의할 때의 일이었다. 맡은 강의 시간이 오후 첫 시간부터 두 번째 시간이라 학습자가 가장 졸리는 취약한 시간이었다. 그래서 필자는 강의 준비를 하면서 학습자들의 졸음을 쫓아내기 위한 유머를 사용하기로 결정하고 인터넷에서 유머 자료를 골라 미리 준비하였다. 그리고 강의 시간이 되어 그 유머를 이야기하였는데 제목은 「여자를 공에 비유한다면」이었다. 필자는 신나게 질의·응답 방식으로 이야기를 진행하였다. "10대의 여자는 축구공, 왜냐하면 여러 남자들이 죽자 살자 뺏겠다고 쫓아다니니까. 20대의 여자는 농구공, 왜냐하면 쫓아다니는 남자들의 수가 축구공에 비해 현저히 줄어드니까. 30대의 여자는 골프공, 왜냐하면 오직 한 남자만이 죽도록 따라 다니니까. 40대의 여자는 탁구공, 왜냐하면 남자들이 서로 남에게 떠넘기니까. 50대의 여자는 피구공, 왜냐하면 모든 남자들이 다 피하니까." 이때 앞쪽에 앉아서 강의를 듣고 있던 여자 과장 네 명의 얼굴이 일그러지는 것을 보았다. 이때 필자는 '아차' 싶었다. 그 여자 과장들의 나이가 40대 초반이었던 것이었다. 나이가 들어가는 것도 서러운데 강사가 "40대의 여자는 탁구공, 왜냐하면 남자들이 서로 남에게 떠넘기니까"라고 말하니 아무리 웃자고 한 말이라도 기분이 좋을 리가 없었다. 따라서 그날 필자의 강의 평가 결과는 최악이었다.

:: 원인

People 분석을 제대로 하지 않은 것이 문제였다. 학습자 중 여자 과장들의 참가자 수와 그들의 나이에 대한 사전 분석을 하지 않았고 이로 인해 피해야 할 유머를 잘못 선택하여 사용한 오류를 범하게 되었다.

:: 시사점

- 강의 준비 단계에서 People 분석을 철저히 해야 한다.
- People 분석 결과에 따라 적절한 강의 소재, 방법 및 전략을 선택해야 한다.
- 유머는 강의 효과를 높이는 유용한 도구이지만 선택에 신중을 기해야 한다.

2. 강의하는 목적(Purpose) 점검하기

　목적분석은 "왜 이 강의를 하는가? 학습자는 이 강의에서 무슨 기대를 하고 있는가?"에 대한 답변에 해당한다. 목적이 정해지지 않은 강의를 듣는 것은 학습자 입장에서는 목적지를 정하지 않고 여행을 가는 것과 같다. 학습자가 여행을 즐기게 하기 위해서는 우선 어디로 가는지 목적지부터 확실하게 알려 주어야 한다. 목적 분석에서는 조직 차원에서의 교육 필요성과 중요성을 파악하고 학습자들이 알고자 하는 바와 학습자들이 얻게 되는 이익과 효용성을 파악하도록 한다. 강의 목적의 유형에 따른 강의 준비 시 유의점은 다음과 같다.

1) 지식, 정보 전달을 위한 강의

　지식, 정보 전달을 위한 강의는 현재나 과거의 지식, 정보를 제공하거나 업무처리 방법을 알려주고자 하는 목적으로 실시하는 강의이다. 또한 새로운 아이디어, 데이터, 사실 등을 전달하고 이해시키기 위한 목적으로도 실시한다. 이러한 목적의 강의 준비 시 유의점은

- ■ '내가 몰랐던 것을 알게해 주네, 이 강의 참 유익한데'라고 생각하게 만들도록 준비한다.
- ■ 학습자가 알고자 하는 요구를 파악하고 그 요구를 만족시키도록 준비하고 강의한다.
- ■ 시각자료를 많이 사용하여 이해시킬 수 있도록 준비한다.
- ■ 단순히 지식의 나열이 되지 않도록 지식을 잘 분류하여 서로 의미 있게 배열한다.
- ■ 주어진 시간에 비해 너무 많은 지식을 전달하고자 욕심을 부리지 않는다.
- ■ 학습자가 경험을 했거나 이미 알고 있는 지식과 연결하여 설명하도록 준비한다.
- ■ 핵심 포인트는 자주 반복해 주도록 설계한다.

2) 설득을 위한 강의

설득을 위한 강의는 어떤 것을 제안하고 권유하여 행동하게 하는 것을 목적으로 하는 강의이다. 예를 들면 경영자가 모든

직원들을 대상으로 새로운 변화 프로그램을 받아들이고 적극적으로 참여하게 하기 위해 강의를 실시하는 경우가 여기에 해당한다. 이러한 목적의 강의 준비 시 유의점은

- 가치관, 정책, 해결책 등을 제시하고 받아들이게 한다.
- 학습자의 이익과 효용에 대해 명확히 언급한다.
- 논리적 설명과 감성적 호소가 적절하게 혼합되도록 한다.
- 너무 과하지 않은 적절한 목표를 제시한다.
- 적극적으로 참여하여 목표를 달성했을 경우 평가와 보상에 대해서 제시한다.

3) 동기부여를 위한 강의

동기부여(動機賦與: motivation)란 어떤 특정한 자극을 주어 움직이게 하는 일을 말한다. 즉 행동하도록 자극하고 구체적인 행동을 유발하며 그 행동을 지속하게 하는 것이다. 예를 들어 회사의 리더가 부하직원들에 대하여 목표 달성을 위한 자발적인 의욕을 불러일으키기 위한 목적으로 강의를 실시할 때 바로 동기부여를 위한 강의가 된다. 이러한 목적의 강의를 준비할 때 유의점은

- 평소 직장 또는 개인 생활 속에서 강사가 먼저 솔선수범

하는 모습을 보인다.

- 시간 약속, 말에 대한 약속 등을 잘 지켜서 신뢰감을 주도록 한다.
- 학습자들이 가지고 있는 기대나 욕구를 잘 파악하여 이를 충족시킬 수 있는 방안을 제시한다.
- 학습자들의 만족감, 성취감을 충족시킬 수 있는 방안을 제시한다.
- 학습자들과 활발한 상호작용을 할 수 있도록 참여식 강의나 질의응답을 적극 활용한다.
- 감동적인 스토리를 강의 자료로 적극 활용한다.
- 학습자들의 감성을 자극할 수 있는 시, 그림, 동영상 등을 적극적으로 활용한다.

4) 복합적인 목적의 강의

강의를 하는 목적이 지식 전달, 설득, 동기부여 등이 혼재된 복합적인 목적을 가진 경우도 있다. 예를 들어 회사의 고객 응대 현황, 문제점, 개선방안에 대한 조사 및 연구 결과를 바탕으로 직원들을 대상으로 강의를 할 경우가 있다. 이때 먼저 현황에 대한 조사결과를 전달하고 문제점과 원인분석을 제시한다. 그러고 나서 개선방안의 필요성을 이해시키고 설득하며 개선을 위한 새로운 과제 추진에 직원들이 적극 참여할 수 있도

록 동기부여를 하는 강의를 하게 된다. 이러한 복합적인 목적의 강의 준비 시 유의점은

- 업무 전체의 프로세스를 고려하면서 강의 내용을 구성한다.
- 지식전달, 설득, 동기부여 등 각각의 목적에 대한 우선순위를 설정하여 지식 50%, 설득 20%, 동기부여 20%, 기타 10%와 같이 강의 시간 비율을 구성한다.
- 각각의 강의 목적 달성에 필요한 유의사항을 선택하여 활용한다.

3. 강의 장소(Place)는 사전에 확인해야

　　장소분석은 "어디에서 이 강의를 하는가?"에 대한 답변에 해당한다. 최근에는 도시나 고속도로의 교통 체증이 심해졌고 멀티미디어를 활용한 강의가 보편화되었기 때문에 장소분석의 중요성이 매우 커졌다. 사전에 철저하게 장소분석을 실시해야만 자신감 있고 차분하게 강의에 임할 수 있다.

1) 위치 분석

　　지리적인 위치 분석에서는 장소 명칭, 주소, 전화번호, 담당 부서명 및 담당자 이름 등을 먼저 체크하고 강의 장소 약도, 교통편 이용법, 소요시간 등을 사전에 분석한다. 유의점은

■ 교통체증, 불의의 사고 등에 의해 지각하는 일이 없도록

자가운전은 피하고 가급적 기차, 지하철 등을 이용한다.

■ 가급적 강의 실시일 이전에 강의 장소를 방문하여 직접 현장을 확인하고 관련 기기 리허설을 실시해보는 것을 권장한다.

■ 강의 장소가 위치한 곳이 너무 먼 곳이어서 사전 답사가 어려운 경우에는 그곳 교육 진행 담당자에게 사전에 전화하여 강의 장소에 대해 상세하게 문의하고 교보재, 좌석 배치, 필요한 기자재 등을 준비하도록 요청한다.

■ 강의 당일에는 최소한 강의 시작 30분 전에 강의 장소에 도착하여 제반 기기를 설치하고 기기 리허설을 실시한다.

2) 강의 장소 분석

강의 장소를 분석할 때는 장소 크기(수용인원), 형태(실내의 본래 목적), 조명, 출입문, 창문, 책상 및 의자 배치 등에 대해 점검한다. 유의점은

■ 학습자의 입장에서 점검한다.

■ 강사의 정 위치를 확인하고, 강사와 학습자, 학습자와 학습자와의 거리 등을 검토한다.

■ 강의 목적에 따라 레이아웃을 조정한다(학교형, 반원형, "ㄷ"자 형, 워크숍형 등).

3) 설비 및 비품 분석

설비 및 비품 분석에서는 화이트보드, 칠판, 스크린, 노트북, 빔 프로젝터, 레이저 포인터, 마이크, 스피커, 교탁, 무대 등에 대해 점검하는데 유의점은

- 학습자의 위치에서 잘 보이는지, 잘 들리는지 확인한다.
- 기기 문제 발생에 대비, 예비 기기나 대체자료를 준비한다.
- 사전에 진행자와 협의하여 사용 가능한 설비, 비품, 교보재, 장소 레이아웃 등을 요청한다.

◈ Place 분석 실패 사례

:: 개 요

A기업 콜센터 신규상담원 150여 명에 대한 연수가 일산에 있는 연수원에서 진행되고 있었다. 연수 일정상 첫 날에 '콜센터 운영현황'에 대하여 필자가 2시간 강의하도록 계획되었다. 강의 장소는 인원이 많은 관계로 일산연수원 강당으로 정해졌다. 그곳 강당은 필자가 한 번도 가본 곳이 아니기 때문에 강의 실시 며칠 전 일산연수원으로 전화를 걸어 강당에 빔 프로젝터 설치 가능 여부와 화이트보드가 준비되는지를 물었다. 연수 진행자는 가능하다고 했다. 그 이외의 사항에 대해서는 큰

문제가 없을 것으로 생각하고 더 자세한 것은 묻지 않았다.

　연수 첫날 일산연수원에 도착하여 강의 시간에 맞추어 강의 장소인 강당으로 들어갔다. 그런데 내가 예상하지 못했던 문제점들이 노출되었다. 우선 노트북이 설치되는 강사의 위치와 연수생과의 거리가 너무 멀었다. 따라서 말의 전달효과가 떨어지고 연수생과의 상호작용이 거의 불가능했다. 또한 강사의 위치 옆에 설치한 화이트보드에 쓰는 판서가 중간 이후에 앉아 있는 연수생에게는 전혀 보이지가 않았다. 필자는 내심 당황하였으나 어쩔 수 없어 강의를 그냥 진행할 수밖에 없었다. 따라서 그날 필자의 강의는 실패작이었다.

:: 원 인

- 사전에 장소 분석에 대해 소홀하였다. 시간을 내어 강의 장소를 사전 답사하지 않았고 연수 진행자에게 상세히 물어보는 조치도 취하지 않았다.
- 처음 가는 강의 장소에 대한 필자의 요구사항을 제대로 전달하지 않았다.

:: 시사점

- 강의 준비 단계에서 강의 장소에 대한 분석을 철저히 해야 한다.
- 강의 장소의 형태(일반 강의실, 계단식 강의실, 강당 등)도

사전에 파악해야 한다.

- 학습자 입장에서 실내 환경 및 레이아웃을 사전에 검토해야 한다.
- 각종 설비 기기의 위치 및 레이아웃를 사전에 점검해야 한다.
- 사전답사 또는 상세한 문의 후 강사의 요구사항을 연수 진행자에게 전달하여 강의 실시 전에 완벽한 준비가 될 수 있도록 해야 한다.

4. 강의 설계는 강의 준비의 핵심

　강의 설계란 주어진 과목의 학습내용을 어떻게 실제 강의에 옮기는가에 대한 계획이다. 강의 제목 만들기, 학습목표 설정하기, 강의 내용 선정하고 배열하기, 강의 방법 결정하기, 강의 전략 세우기, 교보재 활용계획 세우기, 강의 리스크 조치계획 세우기 등의 활동이 포함되어 있다.

　성공적인 강의를 위해서는 용의주도한 강의 설계가 전제되어야 한다. 이는 건물을 지을 때의 설계도와 같은 것이어서 설계도가 잘 만들어졌느냐의 여부가 건물의 수준을 결정하는 것처럼, 강의 설계의 우수성 여부가 강의효과를 좌우하는 것이다. 학습자로 하여금 학습목표에 도달할 수 있도록 하는 수업 과정의 구성요소와 요건은 다양하며 그 효과 역시 다양하게 나타날 수 있다. 따라서 이런 요건을 유효적절하게 설계하는 작업, 즉 강의 설계가 절대적으로 필요하다. 철저하고 치밀한 강의 설계

는 성공적인 강의를 약속한다. 강의 설계 시 고려해야 할 주요
사항은 다음과 같다.

- 3P(People, Purpose, Place) 분석 결과를 철저하게 강의 설
  계에 반영한다.
- 주어진 강의 시간(단시간, 장시간)에 따라 다르게 설계한
  다. 일반적으로 단시간(2시간 이내)의 강의에서는 핵심 내
  용 위주로 설계하고 장시간(2시간 초과)의 강의에서는 다
  양한 사례를 준비한다.
- 다른 강의와의 관계도 고려한다. 내가 해야 할 강의 전후
  에 누가 어떤 주제로 강의를 하는지를 알아야 전체적인 교
  육의 흐름을 파악할 수 있다. 전체적인 교육의 흐름을 알
  아야 내가 해야 할 강의의 적절한 위치를 선정할 수 있다.
- 강사 특유의 논리와 전달하고자 하는 키워드와 핵심 메시
  지를 분명하게 선정한다.

강사가 학습자에게 전달해야 할 강의 내용을 하나의 건물이
라고 하면 강사는 우선 그 집을 제대로 지어야 한다. 우선 기
초를 다지고 건물의 뼈대를 잘 세워야 한다. 그런 다음 그 뼈
대들에 건자재를 붙여 건물을 완성한다. 강의에서 보면 뼈대는
강의 목차에 해당할 것이고 건자재는 세부적인 강의 내용이다.
이제 그 건물을 학습자에게 옮겨주어야 할 차례이다. 먼저 강

사의 건물을 구성하고 있는 뼈대를 학습자의 머릿속에 튼튼하게 세워주고 건자재를 그 뼈대에 잘 붙여서 최종적으로 강사의 건물과 동일한 건물을 학습자의 머릿속에 지어준다. 그러면 그 강의는 성공적인 강의가 될 것이다.

이와 같이 성공적인 강의를 위해서 강사는 먼저 치밀하게 강의 설계도를 그려 강의 내용을 구성하고 이것을 학습자의 머릿속에 옮겨 놓는 방법들을 사전에 연구해야만 한다. 자, 그러면 지금부터 본격적으로 강의 설계 기법을 구체적으로 알아본다.

5. 관심 끄는 강의 제목 만들기

　얼마 전 신문을 보는데 필자의 눈길을 끄는 칼럼이 있었다. 그 신문 칼럼의 제목은 '개도 먹기 전에 꼬리를 먼저 흔든다' 였다. 그 제목을 보니 칼럼의 내용이 궁금해졌다. 그래서 단숨에 그 칼럼을 읽어 보았다. 내용인즉슨 그 당시 전 세계 언론의 화제가 되었던 미국 특수부대의 오사마 빈 라덴 사살 작전을 이야기하면서, 그 작전이 성공할 수 있었던 주요 요인은 8개월에 걸친 은밀하고도 집요한 추적과 오사마 빈 라덴의 은신처와 똑같은 집을 지어 놓고 준비가 완벽해질 때까지 수없이 많은 작전 리허설을 하며 기다린 것이라는 사례를 소개하고 있었다. 이와 관련하여 '개도 먹기 전에 꼬리를 먼저 흔든다'라는 중국의 속담을 소개하면서 계획과 준비가 있어야 목표를 이룰 수 있다는 뜻을 이야기하고 있었다.

　칼럼의 내용은 별개로 두더라도 그 칼럼을 쓴 기자는 독자인 나를 읽게 만드는 데 성공했다. 그 이유는 독특하고 관심 끄는 제목 때문이다. 요즈음은 고객의 입맛이 까다롭고 욕구가 다양하기 때문에 어떤 상품을 만들고 그 명칭을 만들 때부터 기발한 아이디어를 적용해야만 잘 팔리는 세상이다. 근래에 관심 끄는 책들의 제목을 보면 아주 특이하다. 'K팀장은 삼각김밥을 좋아한다', '경제학 콘서트', '나를 찾아온 철학씨' 등을 예로 들 수 있다.

강의 제목도 강의라는 서비스를 제공하는 강사의 상품명이다. 우선 강의 제목이 학습자의 관심을 끌어야 한다. 또한 강의 제목을 통해 학습자에게 강의할 내용이 무엇인지를 예상할 수 있게 해 주어야 한다. 따라서 가장 좋은 제목은 강의의 주제를 나타내면서 학습자의 관심과 호기심을 불러일으키는 제목이다. 강의에 있어서 학습자는 바로 강사의 고객이다. 따라서 초기 단계에서 학습자의 관심을 이끌고 참여를 유도하려면 강의 제목부터 관심을 끌 수 있도록 정할 필요가 있다. 강의 제목이 독특하고 인상적이라면 학습자의 기대감은 높아진다. 예를 들면 '셀프리더십 내 안에 너 있다', '강의가 디자인을 만났을 때', '나는 강사다. 나는 인재다' 등과 같이 약간의 포장으로 학습자의 호기심을 자극할 수 있다면 일단 시작은 성공인 셈이다.

강의 제목을 관심 끌게 만드는 특별한 법칙은 없다. 다만 방법 몇 가지를 소개하자면, 학습자들이 잘 알 만한 최신 유행어를 인용한다. 영화, 드라마, 노래 등의 제목 또는 명대사 등을 강의 내용에 맞게 패러디한다. 독특하고 호기심을 끄는 문구를 만들어 사용한다.

6. 학습목표는 강의의 방향을 제시

학습자가 목표 의식을 가지고 강의를 들을 때와 그냥 들을 때와는 강의 효과 측면에서 많은 차이가 있다. 따라서 유능한 강사는 매 강의 때마다 학습목표를 확실하게 전달하고 나서 강의를 진행한다. 학습목표는 학습자들이 이 수업을 듣고 나면 달성할 수 있는 목표이므로 현실적으로 그 가능성을 나타내 주어야 한다. 학습목표는 '학습내용(주제)＋최종행동(동사)'으로 구성하는데 설정하는 요령은 다음과 같다.

첫째, 구체적이어야 한다. 구체적으로 설정된 학습목표는 학습자는 물론 강사에게 일련의 강의 활동을 통하여 도달하여야 할 결과를 명확히 제시해 주며 강의 활동이 나아가야 할 방향을 분명하게 보여 준다.

둘째, 학습자의 입장에서 표현되어야 한다. 강의 활동은 학습자의 지식, 기술, 태도 등을 긍정적으로 변화시키는 데 그

목적이 있다고 할 수 있다. 따라서 학습목표는 학습자 입장에서의 변화 부분을 언급해 주어야 한다.

셋째, 학습내용을 최종행동 형태로 표현한다. 예를 들면 "평생교육의 개념과 필요성을 설명할 수 있다."라는 학습목표에서 최종행동 형태는 '설명할 수 있다.'가 된다. 다음과 같은 최종행동 표현 사례 중에서 강의 내용에 적절한 것을 선택하여 사용한다.

<최종행동(동사) 표현 사례>

- 암기: 읽다, 쓰다, 그리다, 서술하다, 기록하다
- 이해: 해석하다, 비교하다, 계산하다, 구별하다, 차이를 말하다
- 응용: 적용하다, 사용하다, 활용하다, 작성하다, 실천하다
- 분석: 설명하다, 분류하다, 요약하다
- 종합: 설계하다, 개발하다, 만들다
- 판단: 비평하다, 측정하다, 평가하다, 선택하다, 결정하다

출처: 조벽(2001)의 내용을 재구성

한편, 강사가 학습목표를 너무 장황하게 여러 가지를 제시하면 학습자의 입장에서 복잡하고 혼란스러워진다. 학습목표의 수는 세 가지 정도로 제시하는 것이 바람직하다.

7. 강의 내용 선정하고 배열하기

강의 시간이 배정되어 제목과 학습목표를 정했다면 이를 달성하기 위해 필요한 자료 및 콘텐츠를 수집하여 분석해야 한다. 이를 위해 강사는 기존 교재, 법규, 지침, 시행문서, 실무 매뉴얼 등을 참조할 수 있으며 각종 전문 서적, 단행본, 학술지, 잡지, 인터넷 등에서 자료를 수집한다.

강의 내용과 관련된 자료가 수집되면 학습자의 요구와 학습목표에 맞는 강의 내용을 선정한다. 이때 그 내용의 정확성을 잘 검토해야 한다. 강사가 사용하는 용어, 숫자, 통계자료 등은 정확해야 한다. 또한 강의 자료의 최신성도 체크해야 한다. 강의 자료는 가급적 최신의 자료를 수집하여 전달해야 한다. 특히 법규와 관련된 내용은 수시로 변경되므로 잘 체크해야 한다.

강의 내용을 선정했으면 이를 배열해야 하는데 배열이란 학습목표에 따라 강사가 가르쳐야 할 내용의 순서를 정하는 일이다. 여기에서 특히 주의할 점은 강의 내용을 아무런 연관성이나 의미 없이 단순히 나열만 하는 일이다. 이것은 강의 효과를 지극히 떨어지게 만든다.

강사의 건물과 동일한 건물을 학습자의 머릿속에 지어 주기 위해서는 먼저 뼈대를 잘 구성해야 하고 이 뼈대들이 의미 있게 연결되어야 한다. 이런 의미에서 강의할 내용을 세 개의 항목으로 구성하는 3부 구성은 매우 유용한 내용 배열 방법이다. 우리나라 사람들은 '3'이라는 DNA를 가지고 있다. 우리들을 이 세상에 태어나게 한 것은 '삼신'할머니의 점지 때문이라고 한다. 그래서 우리는 유독 '3'이라는 숫자를 많이 사용하고 익숙해한다. 만세 삼창, 삼박자, 삼세판, 삼세번, 삼판양승, 삼천리금수강산 등(이어령, 2009). 논리학에서도 서론, 본론, 결론과 같이 세 가지의 사고 패턴을 많이 사용한다. 이렇게 '3'이라는 숫자는 우리에게 친숙하다. 친숙하기 때문에 잘 받아들여지고 기억하기 쉽다. 세 가지는 잘 기억하지만 네 가지 이상이 되면 앞에 나온 항목은 잊어버리기 쉽다. 게다가 삼각형의 이미지에서 '3'이라는 숫자는 안정감을 준다.

예를 들어 강사가 도입부에서 "오늘 여러분에게 강의할 내용은 크게 세 가지입니다."라고 말했다면 그것만으로도 학습자는 안정감을 가지고 머릿속에 세 개의 학습 공간을 만들어 받아들일 준비를 하게 된다. 그런데 만일 강사가 "오늘 여러분에게 강의할 내용은 열 가지입니다."라고 말한다면 학습자는 "뭐가 그렇게 많아"라고 하며 시작부터 짜증을 느낄 것이다. 받아들일 준비가 잘 안 되니 학습효과도 좋을 리가 없다.

따라서 강의를 통해 전달하고자 하는 바가 세 가지가 넘는 항목으로 구성되어 있더라도 가급적 서로 연관된 것을 묶어 세 개의 항목으로 정리하는 편이 좋다. 또한 두 가지 항목만 있다 하더라도 가급적 세 번째 항목을 만드는 것이 효과적이다. 지식이나 정보를 효과적으로 전달하려면 가공해야할 필요가 있다. 그러나 강의 내용이 워낙 많아서 체계를 구성하다 보면 3부 구성으로 정리하기 어려운 경우도 있다. 이럴 때는 어쩔 수 없이 세 개 이상의 항목으로 내용을 구성하되, 최대 다섯 개를 넘지 않도록 하는 것이 좋다.

강의 내용의 배열은 3부 구성으로 정리하도록 하자. 3부 구성은 명쾌하고 간결하다. 명쾌하기 때문에 전달력이 좋고, 간결하기 때문에 이해시키기 좋다(야하타 히로시, 2003).

8. 효과적인 강의 전체내용 구성법

　그러면 강의 전체내용을 어떻게 3부 구성으로 만들 것인가? 강의 시간이 주어졌을 때 일단 그 시간에 강의할 내용 전체를 크게 도입부, 전개부, 종결부의 3부로 구성한다. 도입부에는 전체 강의 시간의 5~10%의 시간을 배분하고 전개부에는 80~90%, 종결부에는 5~10%의 시간을 배분한다. 그러고 나서 도입부를 다시 주의집중(Attention), 동기부여(Motivation), 학습개요(Overview)의 세 개 항목으로 구분한다. 주의집중 단계는 강의를 시작하는 단계인데 인사말 전달, 학습자와의 친근감 조성, 강사를 소개하는 내용으로 구성한다. 동기부여 단계에서는 이 강의의 중요성, 필요성 등과 이 강의를 통해 학습자들이 얻게 될 이익이나 효용성을 이야기하고 학습목표를 제시하는 단계이다. 학습개요 단계는 이 강의의 목차 또는 강의순서를 말해줌으로써 강의 내용의 큰 그림을 보여주는 단계이다.

전개부는 강의를 통해 전달하고자 하는 지식, 정보, 기술 등을 담는 부분이다. 이 부분도 3부 구성으로 배열하는 것이 좋은데 가장 이상적인 구조는 3-3-3구조이다. 이 구조는 대항목을 세 개로 나누고 각각의 대항목 아래에 중항목 세 개, 다시 각각의 중항목 아래에 소항목 세 개를 배열하는 방법이다. 이를 그림으로 표시해 보면 <그림 4>와 같다.

종결부는 요약(Review), 재동기부여(Remotivation), 결어(Closure)로 구성하는데 요약단계에서는 전개 내용을 요약하고 핵심 포인트를 강조하는 단계이고, 재동기부여 단계에서는 이 강의의 중요성, 필요성, 효용성을 재 강조하고 학습을 독려하며, 결어(Closure) 단계에서는 마무리 멘트, 격려 및 감사의 인사말을 하고 강의를 마치는 단계이다.

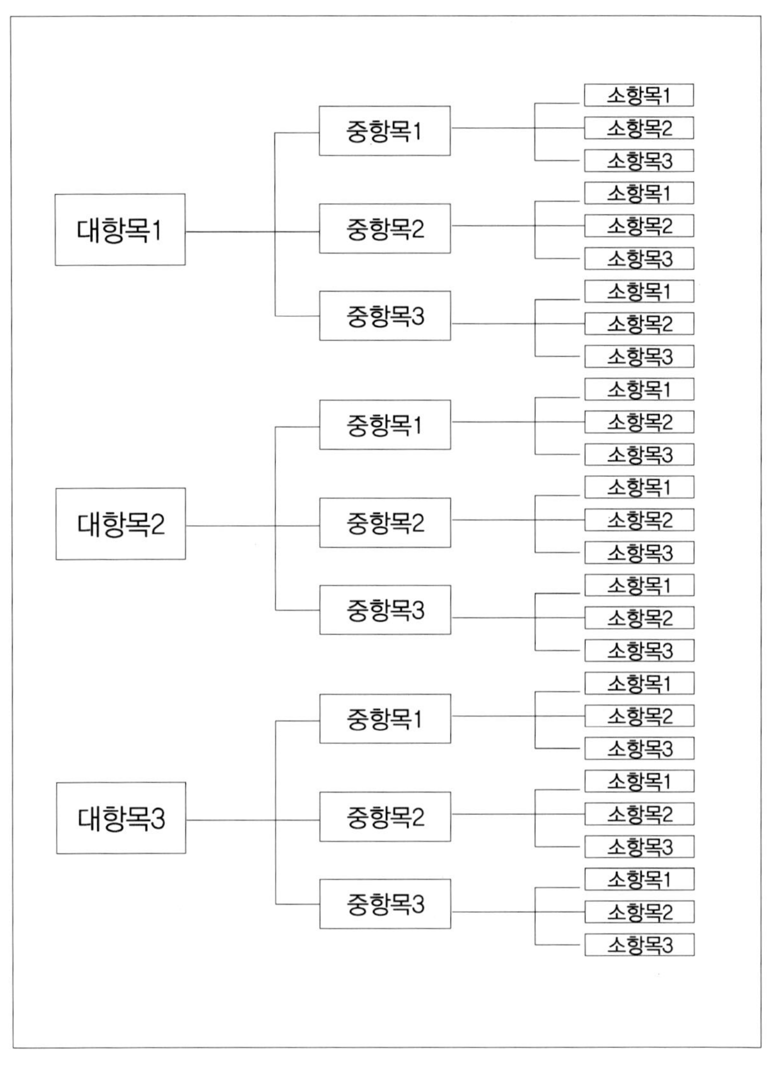

출처: 프리젠테이션 박사. 야하타 히로시(1996)

〈그림 4〉 3-3-3 구조

9. 강의 전개 내용 콘셉트 배열법

　전개 부분은 강사가 학습자에게 전달하고자 하는 주된 학습 내용이다. 이 부분을 아무 의미 없이 단순히 나열하는 것보다는 콘셉트를 가지고 의미 있게 배열하여 제시하면 학습자가 잘 이해할 수 있고 기억에도 오래 남는다. 가장 대표적인 전개 내용 콘셉트 배열법은 다음과 같다.

　첫째, 시계열적 배열이다. 이 방법은 학습내용을 시간의 순서에 따라 구성하는 방법이다. 즉, 학습내용을 '과거→현재→미래'와 같이 배열한다. 예를 들어 회사 소개를 위한 강의에서 '연혁→현황→전망'과 같이 배열하는 것이다. '서류접수→서류검토→지급실행'과 같이 업무 처리 순서대로 구성하는 것도 시계열적 배열이다. 이 배열 방법은 실무 교육에 적용하면 효과적이다.

　둘째, 지역적 배열이다. 이 방법은 학습내용을 지리적·공간적으로 구성하는 방법이다. 즉, 학습내용을 '지역 1→지역 2→지역 3'과 같이 지역별로 나누어 배열한다. 예를 들어 네트워크, 설계도면 등을 설명하거나 지역별 특성을 소개할 때 적용하면 효과적이다(야하타 히로시, 1996).

셋째, 점층적 배열이다. 이 방법은 학습내용을 점점 커지거나 점점 작아지는 콘셉트로 구성하는 방법이다. 즉, 학습내용을 '초급→중급→고급', '총론→각론 1→각론 2', '중요도 1→중요도 2→중요도 3' 등과 같이 배열한다. 예를 들어 신입사원 교육 시 학습내용을 쉬운 내용부터 점점 어려운 내용으로 배열하는 방법이 이에 해당한다. 또한 세일즈 실무 교육에서 1장에 세일즈업무 개요를 배치하고 2장에 A상품 세일즈 추진방법, 3장에 B상품 세일즈 추진 방법을 배치하는 방법도 점층적 콘셉트 배열법이다.

넷째, 논리적 배열이다. 이 방법은 학습내용을 논리적으로 연결하는 구성법이다. 즉, 학습내용을 '결론→근거→방법'과 같이 배열하는데 설득을 위한 강의나 동기부여를 위한 강의에 사용하면 유용하다. 예를 들어 업무개선안에 대한 강의 시 '개선해야 할 내용→그 이유와 근거→개선시키는 방법'과 같이 배열하면 효과적이다.

이러한 전개내용 콘셉트 배열법은 강의 내용에 따라 적절한 것을 선택하여 활용하는데 경우에 따라서는 두 가지 배열법을 합하여 적용할 수도 있다. 예를 들어 사내강사 교육 시 '사내

강사 개요→강의 준비 기법→강의 실시 기법'과 같이 배열하면 점층적 배열법과 시계열적 배열법 두 가지를 합하여 적용한 것이다.

10. 강의 방법은 강의식을 기반으로 혼합하여

　강의 내용을 선정하고 배열했으면 이를 어떻게 강의 전달에 반영할 것인가에 대한 강의 방법을 선택해야 한다. 강의 방법은 강의식, 토론식, 혼합식, 역할연기식 등 여러 가지 방법이 있다. 이중 가장 일반적이고 많이 사용되는 방법은 강의식과 토론식인데 어느 한 가지 방법만을 고집하지 않고 목적과 여건에 따라 적절한 방법을 선택하되 가급적이면 여러 가지 강의 방법을 혼합하여 활용하는 것이 좋다.

　첫째, 강의식 강의 방법은 강사가 다수의 학습자를 대상으로 대량의 지식과 정보를 전달하는 방식으로서 가장 보편화된 강의 방법으로 널리 사용되고 있으며 모든 강의 방법의 기본이다. 이 방법의 좋은 점은 짧은 시간 내에 많은 지식과 정보를 전달할 수 있고, 대집단 교육 시 유용하며 강의 장소에 별로 구애를 받지 않는다는 점이다. 그러나 강사의 일방적 메시지가 될 가능성이 크고 단조로움으로 인해 학습자의 학습 몰입도가 떨어지며 학습자 개인의 이해도 측정이 곤란한 단점들이 있다. 이 강의 방법은 지식을 체계적으로 정리하여 전달하고자 할 때, 어떤 집단을 고무하고 격려하고자 할 때, 아직 충분한 지식과 경험이 없는 학습자를 대상으로 교육할 때 유용하게 적용할 수 있다.

둘째, 토론식 강의 방법은 토론을 통해 학습효과를 달성하는 방법으로서 학습자는 그룹토의에 의해 문제해결에 접근하고 강사는 학습의 방향을 안내하고 학습을 촉진시키는 역할, 즉 퍼실리테이터의 역할을 주로 수행하는 강의 방법이다. 이 방법은 학습자들이 직접 참여하는 방식으로 진행되므로 학습내용을 기억하기 용이하고, 사회적 기능·태도(연구, 토론, 조정, 발표력 등)의 배양이 가능하며, 학습자 개인의 이해도 측정이 용이하다는 장점을 가지고 있다. 그러나 참여 인원수에 제한이 있다는 점, 진행 시간이 많이 소요된다는 점, 토론을 위해 적절하게 그룹별로 자리를 배치해야 하므로 강의 장소에 제한을 받는다는 단점이 있다. 이 강의 방법은 인성 함양 교육, 문제해결을 위한 교육, 관리자를 위한 리더십 교육, 사례연구를 통한 학습 증진과정 등에 유용하게 적용할 수 있다.

셋째, 혼합식 강의 방법은 강의식과 토론식을 혼합한 방식으로서 강사의 일방적 강의에 학습자 전체토론을 혼합하기도 하고, 강사의 일방적 강의에 그룹 토론을 혼합하기도 하며 이러한 방식들을 모두 다 혼합하는 방식으로도 활용할 수 있다. 이 강의 방법은 강의식과 토론식의 장점을 살려 활용할 수가 있고, 교육의 목적에 따라 적절한 대응이 가능하며, 지식전달도 용이하고 학습자 이해도 측정도 비교적 용이하다는 장점이 있다. 그러나 단점으로는 강의식과 토론식의 적절한 배분에 어려움이 있다는 점, 강의 진행 시 시간관리에 어려움이 있다는 점, 아웃사이더(방관자) 처리에 어려움이 있다는 점 등이 있다. 이 혼합식 강의 방법은 대부분의 강의에 유용하게 활용될 수 있고 특히, 업무능력 심화과정, 강사 양성을 위한 교육, 기획 및 프레젠테이션 능력 개발 교육 등에 효과가 있다.

11. 효과적인 강의 전략을 수립하라

　강의 전략은 강의 내용을 보다 효과적으로 전달하고 기억시키기 위한 아이디어를 뜻한다. 단순히 생각 없이 지식을 전달하는 것보다 어떻게 하면 보다 쉽게 이해시키고 기억하게 만들 것인가를 미리 계획하는 것이 필요하다. 다음과 같은 전략을 고려하여 효과적인 강의가 되도록 미리 계획하도록 하자.

　첫째, 조직화 전략이다. 이 전략은 강의 내용을 체계적으로 조직화하는 것이다. 강의 내용을 체계적으로 조직하려면 일단 항목별로 비슷한 것끼리 잘 묶어야 한다. 우리가 대형 마트에 가면 상품들이 항목에 따라 잘 분류되어 있어서 우리의 쇼핑을 편하게 해준다. 이처럼 강의 내용도 비슷한 성격을 가진 내용을 각각의 덩어리에 묶어서 구성하면 학습효과를 높일 수 있다.

　그런 다음에 목차, 즉 뼈대를 잘 세우고 목차와 본문 내용의 연계성을 명확하게 하여 전체에서 부분으로, 부분에서 전체로 내용을 잘 연관시킨다. 이 전략을 적용하려면 먼저 번호체계를 명확하게 정하고(예시: 장>절>1.>가.>(1)>(가)>1)>가)) 일관된 번호체계를 유지하여 교재의 목차와 내용의 번호체계를 일치시킨다. 그리고 교재의 내용 페이지에 경로-현재 진행되고 있는 장-표시를 하는 것이 효과적이다. 이렇게 강의 내용이 잘 분류되고 번호가 매겨지면 이해하기 쉽고 잘 기억된다. 또한 비교표를 적극적으로 활용하여 강의 내용이 체계적으로 구성되도록 한다. 개념들 간의 비교과정은 학습자의 인지 구조 속에 내용을 조직화시키는 데 도움을 준다.

또한 각 장(대항목) 말미에 그 장에서 학습한 내용을 요약·정리하는 페이지를 넣어서 강의하는 것도 조직화 전략을 적용하는 좋은 방법이다. 그 장의 전체 그림을 다시 보여주면서 핵심적인 메시지나 포인트를 강조하면 강의 중에 놓쳤던 내용이라도 다시 떠올릴 수 있고 반복으로 인해 더 오래 기억시킬 수 있다.

둘째, 친밀성 전략이다. 이 전략은 학습자가 이미 알고 있는 것, 친숙한 것과 연관시켜 전달하는 전략이다. 예를 들어 "우리나라의 금년 여름 맥주 소비량은 30만 병입니다."라고 표현하는 것보다 "우리나라의 금년 여름 맥주 소비량은 63빌딩의 3배 분량입니다."라고 표현하는 것이 더 효과적이다(나상억, 1996). 이렇게 전달하고자 하는 내용을 학습자에게 구체적이고 친숙한 그림이나 사진을 활용하여 전달하거나 이미 알고 있는 인물 혹은 사건을 활용하여 설명하는 방법이 친밀성 전략이다. 이 전략을 구사하면 이해하기 쉽고 잘 기억되며 학습의욕을 북돋을 수 있다. 또한 학습자가 이미 알고 있거나 친숙하여 강사의 질문에 답변이 용이하므로 강사와 학습자의 상호작용을 촉진시키는 장점이 있다.

셋째, 상호작용 전략이다. 이 전략은 질의·응답 시나리오를 미리 만들어 질문할 곳을 미리 지정하고 전체질문, 지명질문, 개방형 질문 등 적절한 질문 방식을 선택하고, 지명할 사람까지도 미리 정해두는 전략이다. 이 전략을 구사하면 학습자의 주의를 집중시킬 수 있고, 그들을 생각하게 만들며, 긍정적인 학습 참여를 유도할 수 있는 효과를 볼 수가 있다.

◆ 강의 전략 활용 사례

:: 개요

필자가 『콜센터 텔레마케팅과정』에서 외환과목을 강의할 때의 경험이다. 그 강의에서 유럽으로 관광여행을 띠날 예정인 고객과의 상담 내용이 있었다. 나는 이 상담의 핵심 포인트인 유로화 사용 국가에 대해 설명하게 되었다.

필자는 유로화를 사용하는 국가 11개국(현재는 16개국)을 이해시키기 위해 강의 슬라이드에 <그림 5>와 같이 유럽지도를 보여주며 지역적 콘셉트에 의해 남부유럽부터 시작하여 중부유럽, 북부유럽 순으로 초등학교 시절의 사회 시간처럼 그 나라의 수도와 주요 특성에 대해 학습자에게 질의·응답식으로 상호작용을 시도하면서 설명하였다. 이 방법은 학습자에게 상당한 흥미와 관심을 일으켰고 즐겁고 활기찬 수업 분위기를 만들었으며 학습자들의 머릿속에 저절로 기억시키는 효과를 발휘하여 성공적으로 강의를 마칠 수 있었다.

<그림 5> 유로화 사용국가

∷ 의도

- 단순히 포르투갈, 스페인, 프랑스… 등으로 말하는 것보다 그 나라들의 위치를 지도를 통해 눈으로 보면서 익히게 되면 시각적 연상에 의해 더 잘 기억될 것이다.
- 학습자가 이미 경험한 초등학교 시절과 연관시켜 친밀성을 갖고 학습하게 하자.
- 각 나라의 수도와 특성을 이야기와 질의 · 응답식으로 꾸며 진행하면서 학습자 머릿속에 많이 기억되게 하자.

∷ 시사점

- 효과적으로 이해시키기 위해, 기억시키기 위해 강의 설계 시 강의 전략을 수립한다.
- 그림, 사진 등의 시각자료를 활용하여 설명하면 효과적이다.
- 학습자가 이미 알고 있는 것, 친숙한 것과 연관시켜 설명하면, 즉 친밀성 전략을 구사하여 설명하면 효과적이다.
- 질의 · 응답을 활용한 상호작용전략은 학습자의 주의를 집중시키고 참여하게 만든다.

12. 교보재 활용도 전략적으로

　교보재는 학습 내용을 구체화하거나 보충하여 학습자가 명확히 이해할 수 있도록 도와주기 위하여 사용되는 모든 기재나 재료를 의미한다. 우선 PC나 비디오를 연결하여 스크린 상에 직접 확대 영상시키는 빔 프로젝터(Beam Projector)가 많이 보급되었고 많은 장점을 가지고 있으므로 이를 활용할 수 있는 강의 슬라이드 제작을 적극적으로 권장한다. 그러나 한 가지의 교보재에만 의존하면 학습자에게 지루함을 줄 수 있으므로 여러 교보재를 다양하게 사용하도록 계획한다. 예를 들면 동영상, 음악, 실습도구 등도 강의 진행 곳곳에 적절히 배치하고 판서도 계획하도록 한다.

　프레젠테이션용 소프트웨어를 이용하여 제작하는 강의 슬라이드는 다양한 멀티미디어 활용이 가능하고 도해 및 그래프를 이용함으로써 설명이 용이하며, 연수생의 흥미 유발, 이해촉진,

기억용이 등의 장점을 많이 가지고 있으므로 이를 주 교보재로 하고 기타 다른 교보재를 적절하게 섞어서 활용하는 방법을 적극 권장한다. 주의할 점은 강사가 강의 슬라이드의 시녀가 되어서는 곤란하다는 것이다. 강의에 있어서 주인공은 강사 자신이지 강의 슬라이드 화면이 아니기 때문이다.

음악은 수업 분위기를 다양하게 이끌어 갈 수 있고 학습자의 감성을 자극하는 좋은 수단이며 강사의 메시지 전달에 매우 효과적인 도구이다. 그러나 적절하지 못한 음악을 활용하는 것은 오히려 소음이 된다. 따라서 학습자의 성별, 연령, 특성 등을 고려해서 선곡해야 하고 강의 내용에 따라 음악의 종류가 달라져야 하며, 학습자에게 친근하게 다가갈 수 있는 음악을 선택하여 활용해야 한다. 강사는 다양한 장르의 음악을 준비하여 강의 전에 사용할 워밍업용 음악을 준비하고, 강의 중에는 토론, 시낭송 또는 감동적 이야기의 배경음악 등을 계획하며, 쉬는 시간에 틀어줄 음악도 학습자의 특성에 맞는 음악 종류를 선정한다. 강의 마무리 단계에서 사용할 음악도 미리 준비하도록 한다.

동영상은 학습자의 시각과 청각을 동시에 자극하여 주의를 집중하게 하고 긍정적인 충격을 줄 수 있으며 강사의 설명을 보완해 주는 역할도 한다. 또한 사례를 활용한 학습에 유용하며 감성기법 구사에도 매우 효과적인 도구이다. 뉴스, 영화, 드라마, 다큐멘터리, 공연실황, 인터뷰 영상 등에서 선택하여 강의 진행 곳곳에 적절하게 배치한다.

화이트보드는 이용이 간편하고 학습자 참여가 가능하며 삭제, 추가가 간단하다는 장점을 가지고 있다. 하지만 판서 및 설명에 시간이 많이 소요되고 다양한 멀티미디어 활용이 불가능하며 대규모 학습자를 대상으로 강의할 경우 뒤쪽에 앉아 있는 학습자 입장에서 글자 식별이 어렵다는 단점이 있다. 따라서 판서는 보조 교보재로 사용하도록 계획한다.

배부자료(handout)는 강사가 미리 준비하여 교육 중 배부하는 간단한 인쇄자료 또는 유인물이다. 실습지, 체크리스트, 의사결정시트 등이 있는데 작성이 용이하고 쉽게 참고가 가능하며 기록으로 남길 수 있다는 장점이 있다. 하지만 준비가 번거롭고 학습자가 경시할 수 있으며 분실할 우려가 있으므로 가급적 교재 안에 포함시켜 준비하는 것이 좋다.

13. 리스크조치 계획도 필요하다

　강사는 예기치 못한 상황에서도 주어진 강의 목적을 완수해야 한다. 이를 위해서는 만약의 사태에 대비한 리스크조치 계획을 설계 단계에서 구상해 두어야 한다. 특히 최근에는 강의 효과를 높이기 위해 멀티미디어 기기를 포함하여 다양한 교보재를 사용한다. 그러다 보니 일부 교보재에 예상하지 못한 문제가 발생하여 강의를 망치는 경우가 종종 발생한다. 이와 관련된 사례를 하나 소개한다.

　자동차 제조회사 품질관리 부서에 근무하는 김 대리는 최근 어이가 없는 경험을 했다. 그는 1차 협력업체 생산직 직원들을 대상으로 품질관리 특강을 하기 위해 며칠 동안 야근을 하며 강의 슬라이드를 제작하였다. 그는 특강 당일 회사 PC에서 작업한 강의 슬라이드 파일을 노트북과 USB에 저장한 다음 그것들을 들고 출발하여 특강 시작 30분 전에 협력업체 강의 장소에 도착했다. 강의 준비를 위해 그는 우선 노트북을 꺼내 전원을 연결하였다. 그런데 이게 웬일인지? 어제 밤까지 잘 작동되었던 노트북 부팅이 안 되는 것이었다. 여러 번 전원을 껐다가 켰다가를 반복하였지만 도무지 부팅이 되지 않았다. 김 대리는 대안으로서 협력업체 노트북을 빌려 사용하기로 하고 준비해 간 강의 슬라이드 파일이 담긴 USB를 협력업체 노트북에 장착을 시도했다. 그런데 또 문제가 발생했다. 김 대리의 USB가 그 노트북에서 인식이 안 되는 것이었다. 며칠 동안 야근을 하면서 애써 준비한 특강을 망치겠다 싶어 순간적으로 당황하였지만 김 대리는 다시 차분하게 대안을 모색하던 중 최근 회사가 A사 클라우드 서비스 시스템을 도입한 것을 생각해냈다. 그는 협력업체 노트북 무선인터넷망을 이용하여 클라우드 서비스를 실행시켜 회사 PC에 저장되어 있던 해당 강의 슬라이드 파일을 손쉽게 찾을 수 있었다. 문제를 해결한 김 대리는 마음을 잡고 강의 슬라이드를 실행시켜 특강을 침착하게 진행하여 성공적인 강의를 마칠 수 있었다.

이 사례에서 우리가 배울만한 점은 예상하지 못한 리스크에 대비하여 항상 강의 슬라이드 예비 파일을 준비해두어야 한다는 것이다. 예비 파일을 준비해두는 방법 중 가장 일반적인 방법은 USB나 외장하드에 저장하여 지참하는 방법이다. 이 방법은 준비해 간 노트북이 작동 안 될 경우 강의 장소에 비치된 예비 노트북에 장착하여 강의 슬라이드를 실행하는 것이다. 그러나 그 방법조차 문제가 될 경우를 대비하여 인터넷 포털 사이트 메일에 강의 슬라이드 예비 파일을 저장해 두거나 클라우드 서비스를 이용하는 방법이 있다. 클라우드 서비스란 문서, 음악, 동영상 등을 클라우드 서비스 업체 서버에 저장해 놓고 언제 어디서나 이동 중에 내려 받아 사용할 수 있게 해주는 서비스이다. 예를 들어 자료가 저장된 노트북을 분실하거나 부팅이 안 되더라도 클라우드 서비스 업체 서버에서 자료를 불러와서 사용할 수 있다. 그래서 예상하지 못한 리스크가 발생해도 적절하게 대처할 수 있다는 장점이 있다.

좀 더 완벽하게 리스크에 대처하기 위해서는 강의 슬라이드 예비 파일을 항상 준비해두어야 한다는 것과 더불어 리스크조치 계획을 세워두어야 한다. 예기치 않은 리스크가 발생하면 심리적으로 불안감을 갖게 되어 강의 진행이 원활하지 않게 된다. 따라서 강의 설계 시 리스크가 발생할 경우를 상정하여 어떻게, 어떤 단계로 리스크를 조치할 것인가에 대한 시나리오를 세워 두면 심리적인 불안감 없이 강의를 진행할 수 있다.

14. 교재 개발도 명품으로

　기업이 상품을 제조하여 고객에게 판매할 때는 먼저 시장조사를 통해 고객의 성향과 욕구를 파악한 다음 연구·개발 단계에서부터 이를 적극 반영하여 상품을 개발하고 정성을 다해 고품질의 상품을 생산하여 시장에 내어 놓는다. 강의도 마찬가지이다. 강의에 있어서의 고객은 학습자이다. 학습자를 만족시키고 강의 효과를 증진시키려면 사전에 학습자 분석을 통해 그들의 욕구를 파악한 다음 이를 강의에 적극 반영시켜야 하는데 그 첫 상품이 바로 교재이다. 따라서 교재를 개발할 때에는 강사의 상품, 작품을 만든다는 인식을 가지고 정성을 다해 고품질의 교재를 만들도록 세심한 신경을 써야 한다.

　우리 속담에 '보기 좋은 떡이 먹기도 좋다'라는 말이 있다. 떡의 모양이나 빛깔이 보기 좋으면 우리의 식욕을 자극한다. 교재는 학습자가 강의에 참가했을 때 가장 먼저 만나는 학습

도구이다. 교재가 일단 깔끔하고 보기가 좋으면, 학습자는 교재를 읽고 싶고 공부하고 싶은 마음을 가지게 된다. 그래서 강의 전에 학습자의 학습의욕을 자극하기 위해서는 교재도 명품이어야 한다. 즉, 뛰어나고 훌륭한 작품이어야 한다는 것이다. 또한 강의 진행 중에 강사는 설명, 판서, 기타 교보재 등과 더불어 교재를 중요한 강의 도구로 활용한다. 따라서 강의 중 학습효과를 높이기 위해서 역시 교재도 명품이어야 한다.

학습자가 교육을 받은 후에는 그 교육에서 학습한 지식, 기술, 태도 등을 머릿속에 담아 가거나 몸에 익혀서 실제 업무나 생활에 활용해야 한다. 그것이 교육의 목표이다. 그러나 사람의 기억은 시간이 점점 지날수록 점차 그 양이 줄어들게 되어 교육에 참가하여 학습한 내용을 전부 떠올리는 것은 어려운 일이다. 이럴 경우 다시 펼쳐보는 것이 바로 교재이다. 이때 다시 보고 싶은 교재, 다시 읽고 싶은 교재가 되어야 한다. 즉, 교육 후 학습자의 사후 자율학습을 촉진시키기 위해서 교재도 명품으로 만들어야 한다.

그러면 어떻게 하면 교재를 명품으로 만들 수 있을까? 첫째, 디자인(도안)이다. 교재에도 디자인 콘셉트를 적용하여 보기 좋게 만들어야 한다. 교재에 있어서 디자인이라 할 수 있는 것은 표지 디자인, 목차페이지 디자인, 간지 디자인, Template(기본양식) 디자인, 내용 레이아웃, 글자 모양, 글자 크기 및 삽화 등이 있는데 이러한 것들을 적절하게 이용하여 멋진 교재를 만들도록 정성을 기울여야 한다.

둘째, 체계성이다. 강의 설계 시 적용한 조직화 전략을 활용하여 가급적 3부 구성으로 교재의 뼈대를 잘 잡고 그것을 서로 의미 있게 연결시키며 살을 붙이듯이 적절하게 내용을 배열해 간다면 체계적인 교재를 만들 수 있다. 또한 번호체계는 일관성을 유지하여야 한다. 목차의 번호와 항목들이 본문의 그것들과 일치되어야 하며, 교재 내용의 순서는 강의 순서와 맞게 배열해야만 한다. '교재 따로, 강의 따로'는 학습자를 혼란스럽게 만들어 학습효과를 떨어뜨리게 하므로 곤란하다.

셋째, 유익함이다. 아무리 교재 디자인이 좋고 체계성이 있다고 해도 교재 내용이 부실하면 명품 교재가 될 수 없다. 교재의 내용은 학습자의 요구를 잘 반영해야 하고 현업이나 실생활에 활용도가 높게 만들어져야 한다.

15. 효과적인 교재 제작 요령

1) 워드형 교재

워드형 교재는 가장 일반적인 교재이다. 대부분 학교의 교과서와 같은 책자 형태로 제작하고 때로는 유인물 형태로 제작하기도 한다. 교육 준비 단계에서 개발·제작하여 교육 시 학습자에게 배부하는데 강사는 이를 토대로 하여 교안 또는 강의 슬라이드를 만들어 강의를 진행한다. 원고를 집필할 때에는 주로 위드용 소프트웨어(한글, MS word, 휴민정음 등)를 사용하고 MS사 파워포인트의 기능을 활용하여 가로형 또는 세로형으로 만들어 집필할 수도 있다.

(1) 교재의 틀 개발

■ 표지

공식적인 교육과정에서 제공하는 교재는 책자 형태로 제작하는데 그 표지는 일반적으로 회사의 홍보부서에서 제정한 공통적인 디자인을 적용한다. 표지에 필수적으로 기입되어야 할 사항은 제목, 발간시기, 발간주체명인데 표지 전면과 측면에 기입되어야 한다. 개별적인 강의나 특강인 경우는 유인물의 형태로 교재를 만드는데 개발자-일반적으로 강사-가 스스로 디자인을 고안하여 적용한다. 이때는 표지 전면에 강의 제목, 강의 일자, 강사명이 기입되어야 한다. 때때로 발간시기 기입이 누락되는 경우가 있는데 교재를 받아서 학습하는 학습자의 입장에서 중요한 자료로서 보관되어야 하고 내용 수정·보완을 위한 기준일이 되므로 반드시 기입되어야 한다.

강의역량향상과정
엑설런트 강의기법과 함께 춤을!
교재 제목
2011. 3
발간 시기
열정학습연구소
소장/평생교육학 박사 송민열
발간 주체

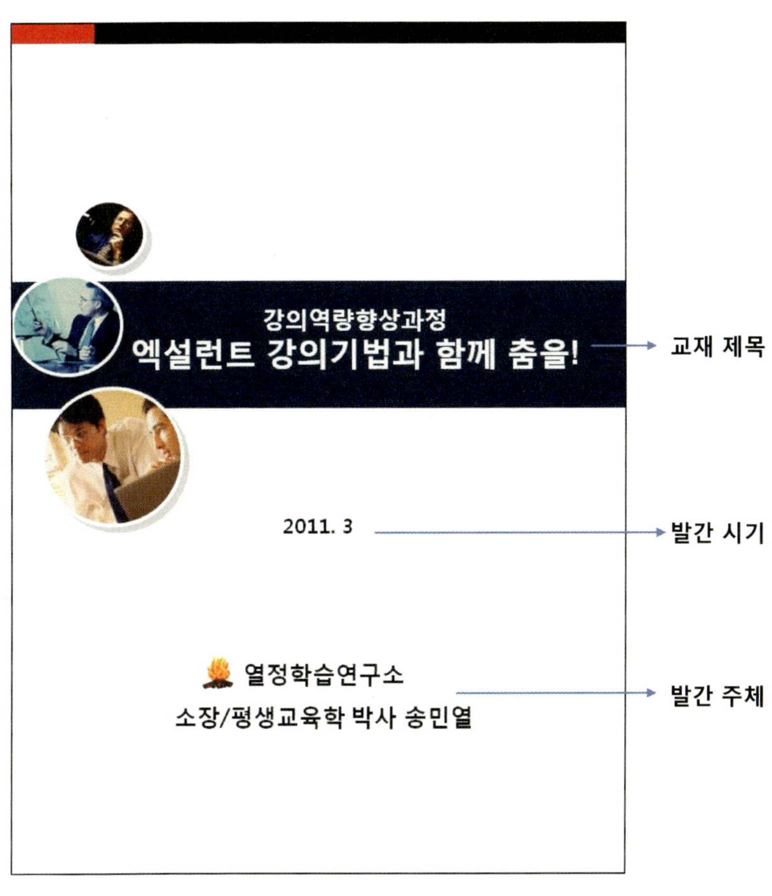

〈그림 6〉 교재의 표지

■ 목차 페이지

강의 내용의 뼈대로서 강의 순서를 표시한다. 강의 내용을 배열한 순서대로 내용을 기재하고 해당 페이지를 표시한다. 목차 기재 시 번호체계를 결정하여 적용한다. 여기에도 도형, 글꼴 등을 보기 좋게 디자인하여 작성한다. 여러 강사가 참여하는 교재일 경우에는 과목별 배열 순서를 표시하고 해당 페이지를 표시한다.

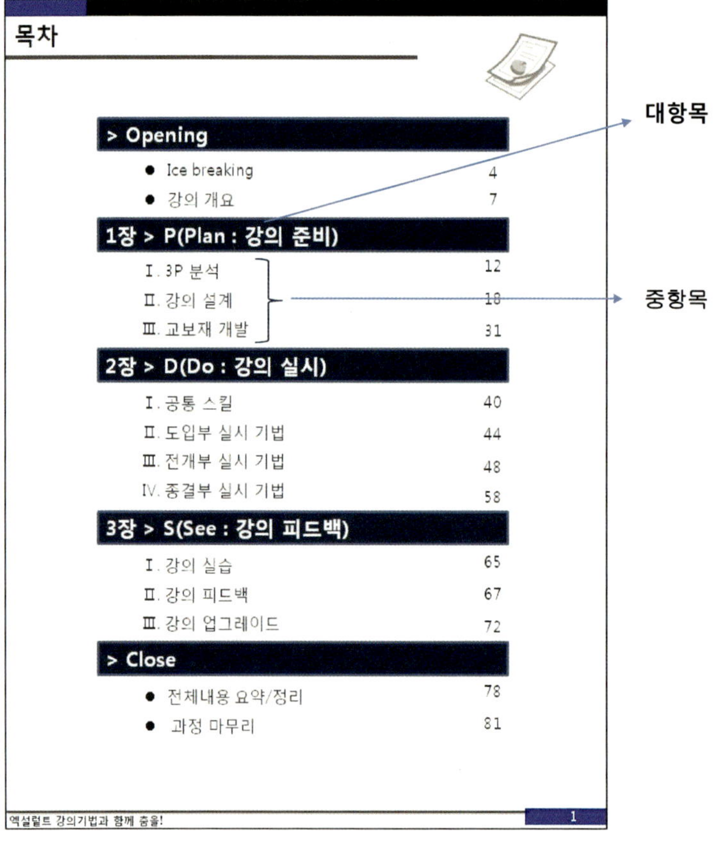

〈그림 7〉 교재의 목차

■ 간지 페이지

장별 간지에는 그 장의 제목(대항목)과 장별 목차인 중항목을 기재한다. 여러 강사가 참여하는 과목별 간지에는 상단에 해당 과목명을 기재하고 하단에 강사의 이름, 소속, 전화번호, 이메일주소 등을 기재한다. 이는 차후 학습자와 강사 간의 커뮤니케이션 채널로서의 기능을 수행하게 된다.

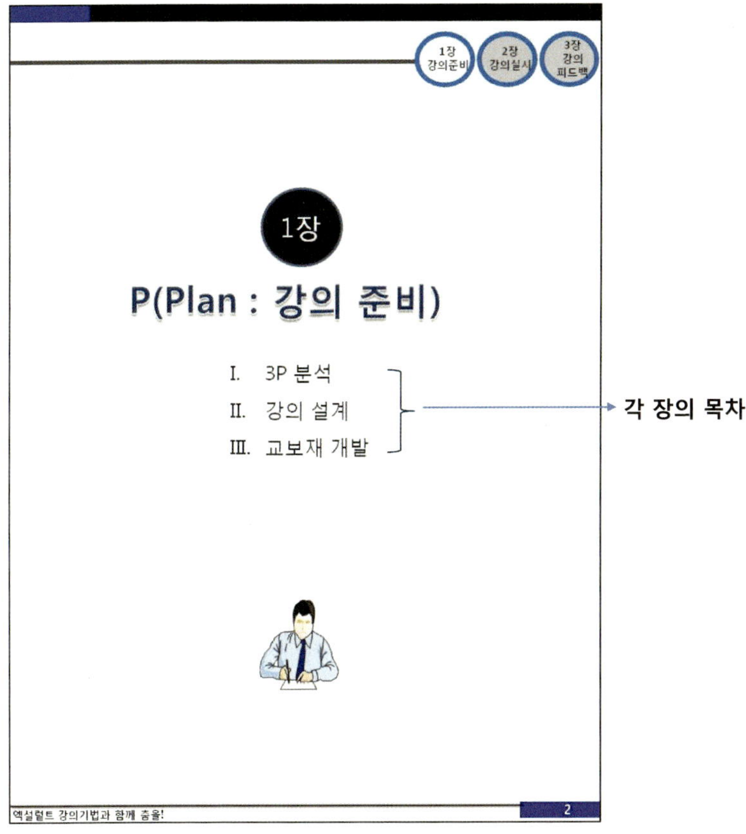

〈그림 8〉 교재의 간지

■ 템플릿(Template)

　템플릿이란 교재 제작을 위해 미리 정해 놓은 기본 양식이다. 예를 들면 짜임새 있는 느낌을 주는 위·아래 틀의 형태, 로고나 심벌 위치, 페이지 번호의 위치 등과 같은 요소가 항상 같은 형식으로 유지하도록 규칙을 만들어 놓은 틀이다. 이를 사용하면 일단 보기가 좋아 교재에 대한 흥미와 관심을 끌 수 있기 때문에 교재에 대한 학습자 만족도를 증진시킬 수 있다. 강사 입장에서도 교재 제작을 쉽게 할 수 있으며 교재의 형식에 일관성을 가지므로 내용을 전달하는 데 효과적이다. 템플릿은 'MS word'에서 『보기＞머리글/바닥글』, '한글'에서 『모양＞머리말/꼬리말』, '파워포인트'에서 『보기＞마스터』, 기능을 활용하여 제작할 수 있다.

■ 경로 표시

　경로표시는 교재 내용의 흐름, 즉 전체 내용 중 현재의 페이지가 어디를 가고 있는지를 표시해 주는 부분이다. 학습하는 내용이 전체 내용과 연계하여 제시되었을 때 학습 효과를 높일 수 있기 때문에 교재에도 경로 표시를 해주는 것이 좋다. 경로 표시는 일반적으로 교재 각 페이지의 우측 상단에 표시해 주는데 그 위치는 상·하·좌·우 어느 쪽이든 교재 양식에 맞추어 적당한 곳에 표시해 준다.

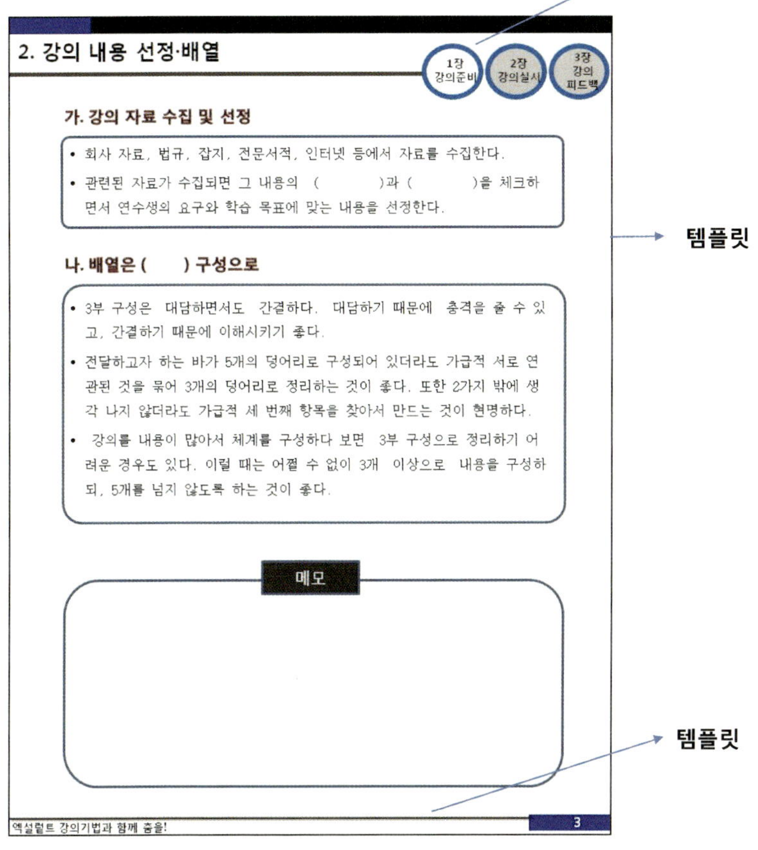

〈그림 9〉 템플릿, 경로표시

■ 번호체계

번호 체계는 회사별, 기관별, 학교별 문서규정에 의한 번호 체계를 사용한다. 일반적으로 상위 번호에서부터 하위 번호까지를 일관되게 적용하여야 한다. 예를 들어 '장>절>1.>가.>(1)>(가)>1)>

가)>①>㉮>ⓐ'와 같이 번호의 위계를 유지하는 것이다. 이
와 같은 번호체계는 목차를 구성할 때 결정하여야 하고 목차
의 번호와 본문 내용의 번호는 일관성을 유지해야 한다.

(2) 교재의 내용 집필

■ 글꼴 및 크기

본문의 기본 글씨체는 일반적으로 바탕체로 하고 크기는 11
포인트 정도가 적당하다. 또한 교재 내용의 뼈대를 이루는 중
간제목, 소제목은 본문의 기본 글꼴과는 다른 보다 굵은 글꼴
이나 큰 글씨를 사용하여 한눈에 들어오도록 하는 것이 학습
효과를 높여준다.

■ 그림이나 기사 삽입

적당한 여백에 본문의 내용과 관련이 있는 그림, 사진, 만화
등을 삽입하면 학습의 지루함을 감소시켜 주며 지속적인 학습
의욕에 도움을 주므로 적절히 활용하도록 한다. 단, 과도하게
사용하면 본말이 전도될 수 있으므로 주의를 요한다. 또한 최
근의 신문이나 잡지 또는 인터넷 기사 중 본문의 내용과 관련
있는 기사를 삽입하면 주의를 환기시켜 주고 강사의 준비성을
보여줄 수 있을 뿐만 아니라 학습효과를 높일 수 있으므로 적
절하게 사용한다.

종합

[숫자경영] '3'으로 키스(KISS)하세요

2010.12.18

삼세판, 삼세번, 삼질날, 삼각산...한국인은 유독 숫자 '3'을 좋아하고 익숙함을 느낀다. 하지만 3은 직장생활을 할 때도 기억해 둘 만한 숫자다.

연구 결과에 따르면 평범한 사람은 평균 7개의 서로 다른 아이디어를 동시에 기억할 수 있다. 아이디어가 7개를 넘어가면 기억장치가 교란되기 시작한다는 것이다. 실제로 '010'을 뺀 휴대폰 번호 7~8개 숫자를 완벽하게 외지 못했던 경험이 있을 것이다.

하물며 치열한 비즈니스 환경에서는 7개도 너무 많다. 가뜩이나 이것저것 생각하고 기억할 것이 많은데 부하 직원이 "빨주노초파남보 중에 어떤 게 좋으시겠습니까"라고 일곱 빛깔 무지개 같은 선택지를 들이댄다면 어떻겠는가.

상사에게, 또는 대중 앞에서 여러 가지를 동시에 제시하고 전달해야 한다면 최대 3가지로 압축하는 것이 좋다. 그 이상은 시간 낭비다.

예를 들 때, 아이디어를 낼 때, 선택지를 제시할 때도 3가지가 한계다. 이성용 베인앤드컴퍼니 한국 대표는 "4~5가지 이상의 경쟁구도에서는 심리적인 거리감이 생겨 각 후보자(또는 사람)가 가지고 있는 최선의 재능과 기량을 평가하기 어려워진다"며 "회사에서 다음번 보기를 제시해야 할 때는 3이란 숫자를 사용해 보라"고 조언한다. 커뮤니케이션에서 불필요하고 핵심에서 벗어난 내용을 제외한 말이 가장 큰 효과를 발휘한다는 것, 이것이 바로 'KISS(Keep It Short and Simple)원칙'이다.

〈그림 10〉 교재의 기사 삽입

■ 학습내용 정리

　교재의 품질을 높이는 방법 중 하나가 학습내용 정리 페이지를 만들어 주는 것이다. 각 장 말미에 그 장에서 학습한 내용을 정리하는 페이지를 넣어주면 그 장에서 배웠던 개요와 핵심 포인트를 강조할 수 있다. 학습자 입장에서도 본문의 내용을 다 읽어볼 시간이 없을 경우 이 정리 페이지만 보더라도 전체 내용을 파악할 수 있어서 효과적이다.

　학습내용을 정리하는 방법은 여러 가지가 있는데 가장 대표적인 방법이 요약(summary)페이지를 넣어주는 것이다. 여기에서는 그 장에서 배운 내용 중 핵심내용을 요약하여 정리한다. 다음은 사례연구 페이지를 넣어주는 방법이 있다. 여기에서는 그 장에서 배운 내용에 대해 사례연구 과제를 부여하여 학습자가 그 과제를 풀어보고 강사가 정리해주는 식으로 복습시키는 것으로서 학습자를 참여시키는 효과도 있다. 세 번째 방법은 퀴즈를 이용하는 방법이다. 이 방법은 그 장에서 배운 핵심내용을 간단하게 퀴즈 형식으로 2~3개의 문제를 제시하고 이를 풀어봄으로써 학습정리와 복습의 효과를 기대할 수 있다.

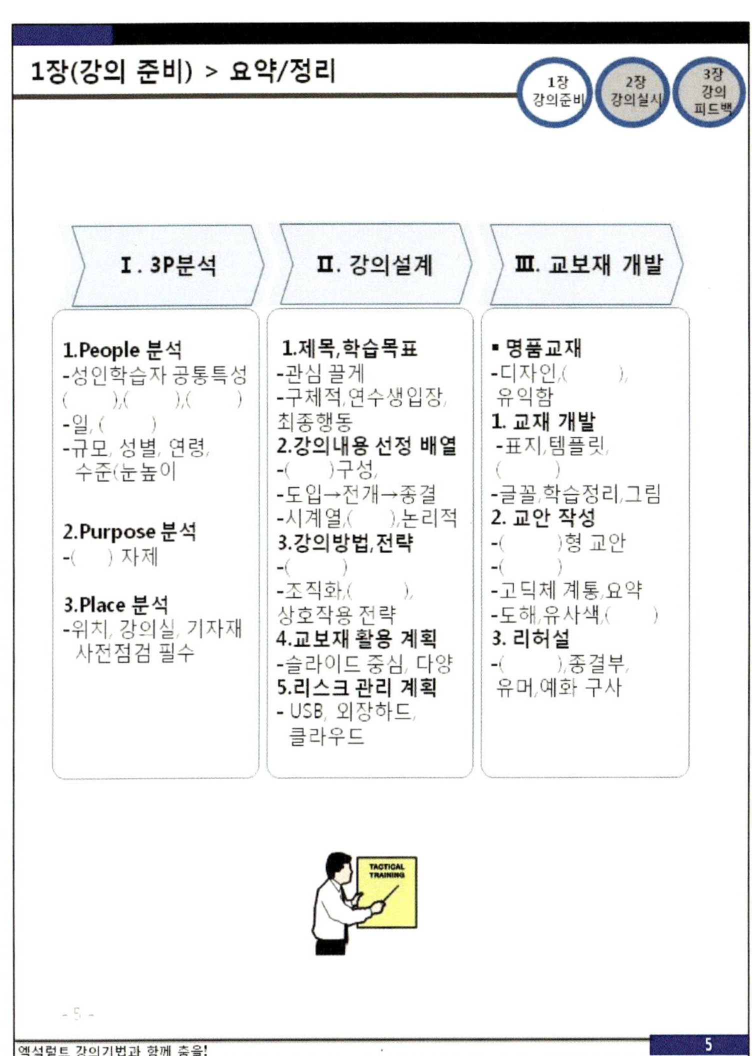

〈그림 11〉 교재의 요약 · 정리 페이지

2) 슬라이드형 교재

슬라이드형 교재는 간편하게 이용할 수 있는 교재의 형태이다. MS사의 파워포인트를 활용하여 강의 슬라이드를 만들고 그 슬라이드 파일을 적절한 형태로 인쇄하여 학습자에게 배부하여 교재로 사용한다. 한 페이지에 여섯 개까지 슬라이드를 인쇄할 수 있으나 슬라이드인쇄물, 1 페이지 2 슬라이드 유인물, 1 페이지 3슬라이드 유인물 등의 세 가지 방식이 가장 많이 사용된다. 이 슬라이드형 교재는 교재 개발 및 집필에 따른 시간과 노력이 절약되고 간단·명료하게 핵심 포인트를 요약하여 배부할 수 있으며 인쇄 옵션을 조정함으로써 교재 분량을 적절히 조절할 수 있다는 장점이 있다. 이에 반해 교재 겸용으로 제작하다 보면 강의용 슬라이드보다 글씨 크기를 작게 해야 하므로 강의 시 학습자 입장에서 화면상 글씨 식별에 어려움이 있을 수 있다는 점, 강의 중 강사의 설명에 대한 메모 분량이 많아질 수 있다는 점, 차후 학습자 자율 학습 시 이해도가 떨어질 우려가 있다는 단점들이 있다.

3) 워드-슬라이드형 교재

워드-슬라이드형 교재는 기본 교재인 워드형 교재에 강의 슬라이드 파일을 1 페이지 2 슬라이드 유인물 또는 1 페이지 3

슬라이드 유인물로 인쇄한 슬라이드형 교재를 추가로 제본하여 제공하는 교재이다. 강의 집중 및 자율학습 교재로서의 활용도가 높으므로 학습자에게 가장 친절한 형태의 교재이다. 일반적으로 강의용 슬라이드는 주로 워드형 기본 교재를 요약하여 제작한다. 그러다 보니 강의 후 학습자가 강의 슬라이드 유인물을 추가로 요구하는 경우가 있다. 따라서 강의 전에 준비하여 워드형 기본교재 배부 시 같이 제본하여 제공한다면 이러한 학습자 요구를 맞출 수 있다. 이 워드-슬라이드형 교재는 강의 중에는 슬라이드형 교재 위주로 강사의 진도에 맞추어 학습할 수 있고 간단·명료한 핵심 포인트 요약자료로 활용할 수 있다. 또한 워드형 교재도 함께 제공되므로 학습자 자율학습을 위한 풍부한 학습자료로서 활용도가 높다는 장점이 있다. 반면에 강사의 입장에서 교재 개발 및 집필에 따른 시간과 노력이 많이 소요 된다는 점, 교재의 분량이 너무 많아질 우려가 있다는 점, 학습자 입장에서 교재에만 주로 의존하고 강사의 설명을 경시할 수 있다는 단점이 있다.

필자는 그 동안 강의 활동을 하면서 위에서 설명한 세 가지 교재를 모두 제작하여 적용해 보았다. 또한 각각 교재의 장단점도 실제로 경험하였다. 그 결과를 토대로 독자에게 권장하고 싶은 교재의 형태는 워드형 교재이다. 워드형 교재로 만들되 일반 학교 교과서와 같이 만들지 말고 변화를 주는 것이다. 예를 들면, 교재의 내용 중에서 중요한 문장이나 키워드 부분은 괄호로

만들어 학습자가 수업 중에 직접 기입하게 하고, 토론식 강의를
적용하여 학습자를 참여시키는 부분에는 교재에 충분한 메모
공간을 만들어 주어 학습자가 자유롭게 추가 내용을 기입할 수
있게 만들어 주면 교재의 학습효과를 높일 수가 있다.

16. 교안은 강의 슬라이드와 함께

1) 교안 준비

교안은 강의 활동 시 사용하는 학습지도안으로서 강사의 강의 활동 순서 및 활동 내용 등을 기록해 놓은 것이다. 강사는 교안을 준비함으로써 학습내용을 빠짐없이 강의할 수 있고 강의 활동의 일관성을 유지할 수 있다.

교안의 형태는 전통적으로 무란식, 2란식, 3란식 등이 있다. 무란식 교안은 난의 구분 없이 메모 형식으로 강사의 강의 내용과 보조자료 사용 등을 표시하는 교안이다. 2란식 교안은 란을 2개로 나누어 한 난에는 강의 내용을 기재하고 다른 난에는 강사 활동 내용과 보조자료 사용 등을 표시하는 교안이다. 3란식 교안은 3개의 난으로 구분하여 강사의 필요에 따라 내용을 구분하여 사용하는 교안이다. 이 중에서 가장 일반적으로 사용되는 교안은 3란식 교안이다.

(무란식 교안)

강 의 내 용

(2란식 교안)

강 의 내 용	강사활동, 메모

(3란식 교안)

항목(제목)	강 의 내 용	강사활동, 메모

<그림 12> 교안의 형태

　최근에는 강의 슬라이드 사용이 일반화되면서 별도로 교안을 만들지 않아도 편리하게 이용할 수 있는 슬라이드형 교안이 효과적이다. 이 교안은 강의 슬라이드를 제작한 다음 이 슬라이드를 인쇄하여 교안으로 사용하는 데, 강의 슬라이드를 '1페이지 3슬라이드 인쇄' 유인물로 출력하여 사용하면 효과적인 교안을 만들 수 있다. 아울러 별도로 교안을 만드는 데에 따른 시간과 노력도 절감할 수 있다.

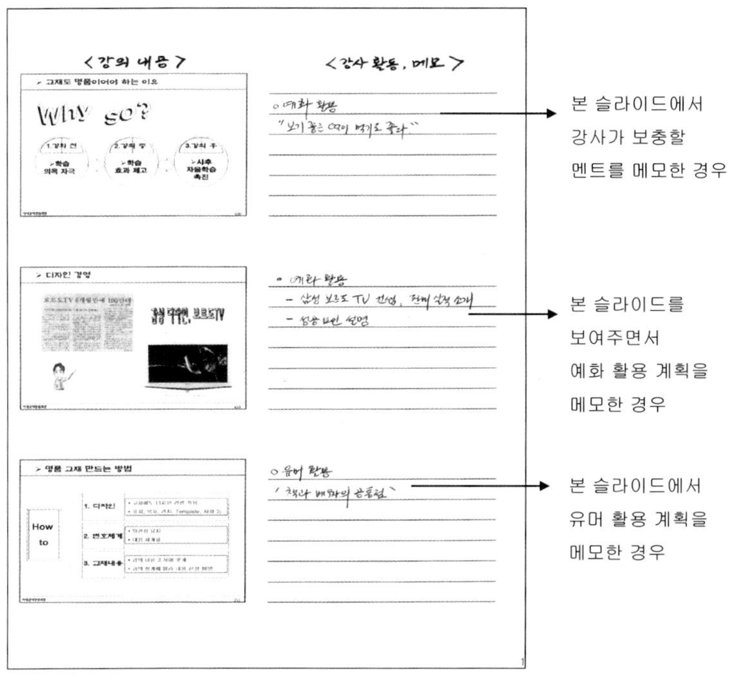

〈그림 13〉 슬라이드형 교안

교안의 구성은 강의 설계 시 구성하였던 대로 3부 구성을 적극적으로 권장한다. 전체 강의 내용을 도입부, 전개부, 종결부로 구분하고 도입부(강의 시간의 5~10%)에는 주의집중(Attention), 동기부여(Motivation), 학습개요(Overview)의 세 개의 항목으로 구분한다. 전개부(강의 시간의 80~90%)에는 강의를 통해 전달하고자 하는 지식, 정보 등을 간결하게 작성하는데 내용 배열은 가급적 3부 구성으로 시계열, 점층적, 논리적 콘셉트 등을 적용하여 의미 있게 연결하여 구성한다. 종결부(강의 시간의 5~10%)

에는 요약(Review), 재동기부여(Remotivation), 결어(Closure)로 구
성하도록 한다.

2) 왜 강의 슬라이드가 유용한가?

빔 프로젝터를 이용한 강의 슬라이드는 요즈음 가장 일반화
된 교보재이다. 강의 슬라이드를 활용하여 강의를 진행하는 것
은 학습자의 시청각에 호소하기 때문에 효과적인 강의가 가능
하다. 많은 학자들의 연구에 따르면 강의 내용을 청각적으로만
전달하면 3일 후 10% 정도를 기억하고, 시각적으로만 전달하
면 3일 후 20% 정도를 기억하며, 시청각을 모두 활용하여 전
달하면 3일 후 60% 정도를 기억한다고 한다(이의용, 2010). 따
라서 강의 슬라이드를 활용하여 시각 자료를 보여주면서 설명
하게 되면 말로만 하는 강의의 6배, 보여주기만 하는 강의의 3
배 기억효과를 줄 수 있다.

또한 강의 슬라이드는 여러 가지 장점이 있다. 첫째는 흥미
유발 효과이다. 컬러화면, 도해, 삽화, 애니메이션, 동영상, 소
리 등을 사용하므로 일단 주의를 집중시키고 학습자의 흥미를
이끌어낼 수 있다. 둘째, 이해 촉진이다. 예를 들어, 처리 절차
나 실적 추이를 단순히 말이나 수치로 이야기하는 것보다 절차
도 도해나 그래프 등을 보여 주며 설명하면 학습자의 이해를
촉진시킨다. 셋째, 설명시간이 절약된다는 점이다. 복잡한 내용

도 그림, 사진, 도해 등을 사용하여 설명하면 알기 쉽고 한눈에 내용 파악이 용이하기 때문에 설명 시간을 절약할 수 있다.

3) 강의 슬라이드 제작 요령

(1) 슬라이드 틀

■ 표지 슬라이드

도형, 선, 삽화 등을 활용한 디자인을 적용하여 보기 좋게 제작한다. 표지 슬라이드에 필수적으로 기입되어야 할 사항은 강의 제목, 강의 일자, 강사명이다.

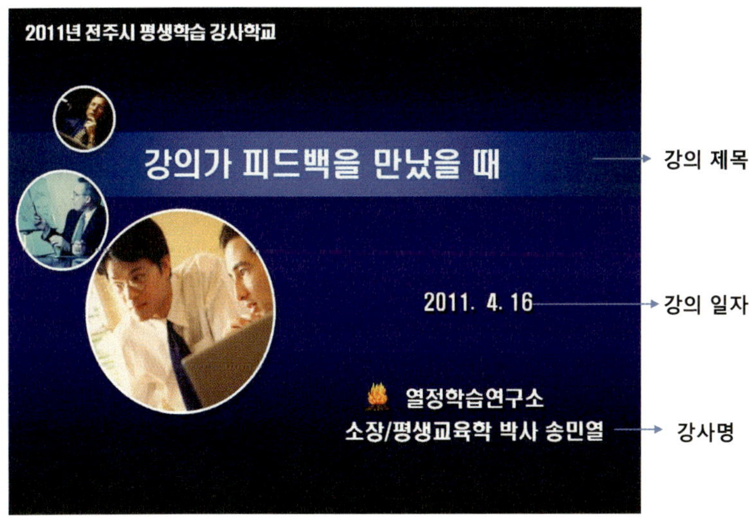

〈그림 14〉 표지 슬라이드

■ 목차 슬라이드

강의 내용의 배열 순서를 보여주는 페이지이다. 배열된 순서대로 대항목을 기재하고 해당 페이지를 기입한다. 이 부분 역시 적절한 디자인을 적용하여 간결하고 보기 좋게 제작한다.

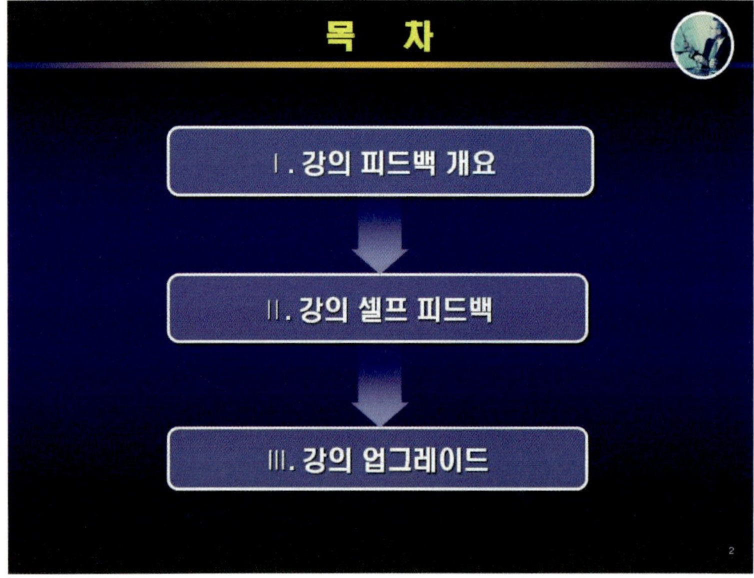

〈그림 15〉 목차 슬라이드

■ 간지 슬라이드

대항목의 내용이 여러 가지로 구분될 때 간지 슬라이드를
적용하는 것이 좋다. 강사가 적절한 디자인을 적용하여 제작하
는데 목차 슬라이드와의 번호체계를 일치되게 기입한다.

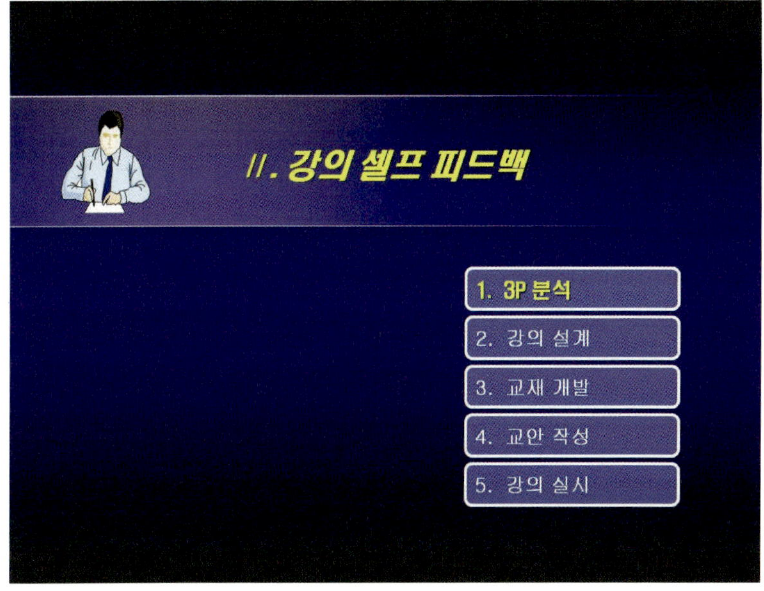

〈그림 16〉 간지 슬라이드

■ 템플릿(Template)

템플릿이란 대부분의 슬라이드에 적용되는 기본양식이다. 이를 활용하면 슬라이드의 형식에 일관성을 가지므로 보기가 좋고 내용을 전달하는 데 효과적이다. MS사 파워포인트에서 『<보기>마스터』 기능을 활용하여 제작한다.

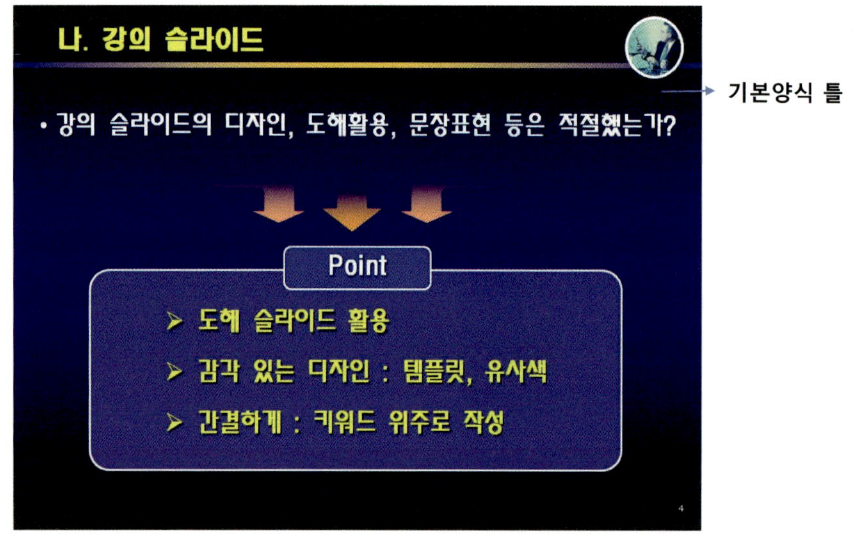

기본양식 틀

〈그림 17〉 템플릿 슬라이드

■ 번호체계

강의 내용의 전체 뼈대를 구성해 주는 도구이다. 내부 문서 규정에 의한 번호 체계를 사용하는 것이 좋다. 목차-간지-내용 번호체계의 일관성을 유지해야 한다.

(2) 본문 슬라이드

■ 글꼴 및 크기

본문 슬라이드의 글꼴은 가급적 고딕체 계통으로 하고 크기는 최소 18포인트 이상을 사용한다. 슬라이드 배경은 어두운 배경에 밝은 색(흰색, 노란색)의 글꼴을 쓰는 것이 가독성에 좋다. 또한 글꼴 끝부분에 변형이 있는 서체(예: 바탕체, 명조체 등)는 가독성이 떨어지므로 사용하지 않는 것이 좋다.

■ 시각자료 삽입

본문의 내용과 관련이 있는 그림, 사진 등을 삽입하여 시각 효과를 적절히 활용한다. 하지만 과도하게 사용하면 본말이 전도될 수 있으므로 주의를 요한다. 신문이나 잡지 또는 인터넷 기사 중 본문의 내용과 관련 있는 기사를 삽입하면 주의를 환기시켜 주고 전달 효과를 높일 수 있으므로 적절하게 사용한다.

〈그림 18〉 시각자료 삽입 슬라이드

■ 요약 페이지

Summary 형식으로 핵심내용을 요약하여 정리하는데 각 장이 끝난 부분과 전체 내용이 끝난 부분에 적용한다. 이때 도해 및 애니메이션을 적절하게 활용하면 효과적이다.

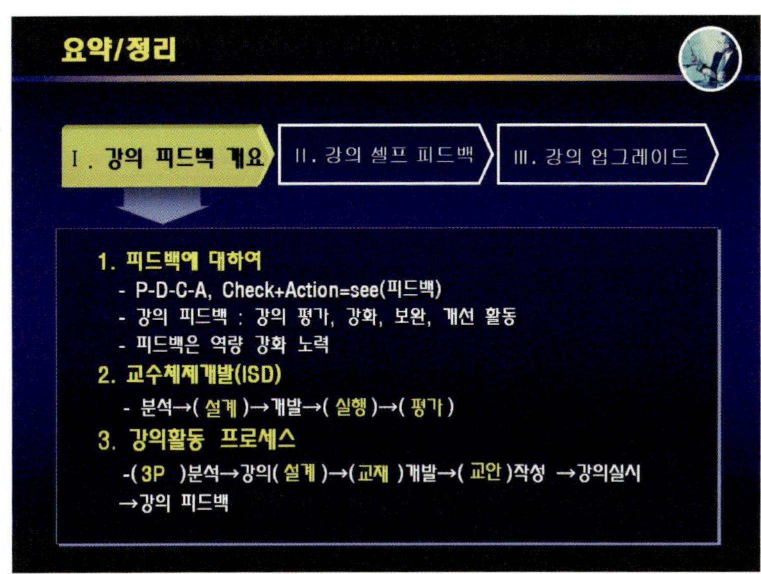

〈그림 19〉 요약 슬라이드

(3) 효과적인 슬라이드를 위하여

■ 도해 활용

텍스트로만 가득 채워진 슬라이드는 학습자에게 부담을 주고 시선이 슬라이드 화면에민 치우칠 우려가 있으므로 텍스트보다 도해 슬라이드를 적극 활용하여 화면 내용을 빨리 보고 시선은 강사에 집중하도록 해야 한다. 또한 도해는 설명하고자 하는 바를 한눈에 보여줄 수 있고 포인트가 되는 단어들을 강조할 수 있다.

이러한 도해를 일일이 그리려고 하면 제작에 따른 시간과 노력이 많이 소요된다. 따라서 전문가들이 만들어 놓은 도해 슬라이드 자료를 확보하여 이를 복사하여 활용하면 편리하고 제작에 따른 시간을 절약할 수 있다.

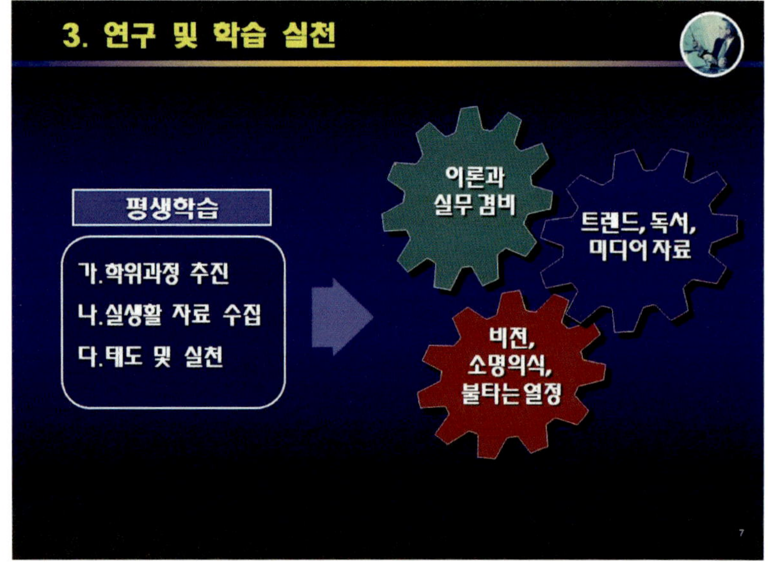

〈그림 20〉 도해 슬라이드

■ 감각 있는 디자인

템플릿을 적용하여 슬라이드 배치에 일관성을 유지하면 보기가 좋다. 색상 사용은 기조색과 강조색을 정하여 사용하고 유사색을 사용하여 세련미를 살린다. 슬라이드에 너무 많은 색상을 사용하면 오히려 혼란스럽고 촌스럽게 보일 수 있다. 한 개의 슬라이드에는 3가지가 넘지 않는 색을 사용하는 것이 디자인을 살려준다.

■ 문장 작성은 간결하게

'KISS & KILL법칙'이 있다. 그냥 직역하면 키스로 죽여주는 법칙인데 여기에서는 그런 뜻이 아니라 KISS는 'Keep It Simple and Short'를 줄여 놓은 단어로 메시지를 간단하고 짧게 표현하라는 말이다. 그리고 KILL은 'Keep It Large and Legible'의 줄임말로 크고 읽기 쉽게 작성하라는 말이다. 이렇게 표현해야 전달 효과가 좋다(김해원, 2009).

따라서 강의 슬라이드를 만들 때, 하나의 슬라이드에는 하나의 콘셉트만을 제시하고 문장은 체언(명사, 대명사, 수사)을 사용하여 간결하게 키워드 위주로 작성하는 것이 효과적이다. 간결한 문장이 제시되면 학습자에게 전달 효과가 클 뿐만 아니라 학습자가 빨리 읽고 시선을 강사에게 집중하게 되므로 강사와 학습자 간 시선교환과 상호작용이 원활하게 된다. 간결하게 키워드 위주로 작성된 문장에 대한 자세한 설명은 강사가 살을 붙여가며 설명하면 된다.

17. 강의 준비의 마침표는 리허설로 찍는다

‘삼포 가는 길’로 유명한 소설가 황석영은 문인들 사이에서 재미있는 이야기꾼이었다고 한다. 이야기를 하면서 얼마나 과장이나 허풍을 잘 붙였는지 그의 별명은 ‘황구라’였다고 한다. 그것과 관련된 일화가 있다. 1970년대 문인들이 자주 드나들던 서울 종로구 관철동 일대 술집에서 술자리에 참석한 사람들을 대상으로 그는 종종 재미있는 이야기보따리를 풀어 놓았다. 그 중에서 가장 대표적인 이야기는 ‘뱀 장수’였다. 그가 뱀 대신 그의 벨트를 빼서 들고 그 당시 장돌뱅이 장사꾼 중 하나였던 뱀 장수 흉내를 내면서 이야기를 할 때면 술집에 있던 사람들은 폭소 폭탄을 맞은 듯이 뒤집어졌다고 한다. 그런데 황석영 씨의 뱀 장수 이야기가 즉흥 연기였을까? 아니다. 그는 그 이야기를 실감나게 해내기 위해서 사전에 수없이 많은 연습을 했다고 한다(민동용, 2003).

이 사례가 우리에게 주는 의미는 훌륭한 이야기꾼이 되려면 사전에 수없이 많은 연습을 해야 한다는 사실이다. 이와 마찬가지로 훌륭한 강사가 되려면 강의 실시 전에 반드시 별도로 시간을 내어 리허설을 해야 한다. 가창력이 뛰어난 가수도 연기력이 훌륭한 배우도 본 공연에 앞서서 반드시 리허설을 한다. 머리로만 생각하는 것과 실제와는 많은 차이가 있다. 이러한 차이로 인해 실전 강의에서 실패할 가능성이 많다. 실수는 실전 강의 전에 해보는 것이 좋다. 리허설을 해 봄으로써 문제점을 찾아내고 이에 대한 대책을 세워 강의 준비의 마침표를 찍어야 한다. 그래야 실전강의에서의 성공 가능성을 높여준다. 강의를 앞두고 아무리 바쁘다 하더라도 리허설 시간을 반드시 잡아서 꼭 실시하도록 하자.

리허설을 실시하는 요령은 일반적으로 3단계로 나누어 실시하면 효과적이다. 1단계는 교안으로 실시하는 것이다. 이 단계에서는 교안의 순서에 따라 학습자가 앞에 있다는 기분을 가지고 목소리 크기와 변화, 발음, 말의 속도, 억양 등을 의식하면서 실시한다. 또한 자세, 제스처, 시선처리 등 비언어적 스킬에도 신경 쓰면서 실시해 본다. 그러면서 교안을 검증한다. 강의 내용의 배열, 체계 및 논리는 적절한지, 구체적인 사례가 적절한지, 단어, 용어 및 문장 표현은 적절한지 등을 검증한다.

2단계는 실제 강의 상황처럼 실시해보는 것이다. 강의를 실시할 장소에서 또는 그와 비슷한 장소에서 실제와 똑같이 실시해 본다. 보통 2시간 이내의 강의는 전체를 다 해보고 강의 시간의 양이 대단히 많아서(2시간 이상) 전체 시간을 전부 리허설을 하기에 어려운 경우는 도입부와 종결부는 반드시 실시하고, 전개부의 예화, 유머 등에 대해서는 반드시 리허설을 실시한다. 이때는 비주얼 기기(빔 프로젝터, 노트북 등)를 비롯한 모든 교보재를 사용하여 실시해 본다. 소요 시간을 체크해 보고 시간이 모자라면 강의 내용을 줄이고 시간이 남으면 강의 내용을 추가한다. 이렇게 하여 최종적으로 문제점을 체크하고 수정·보완하도록 한다.

3단계는 시각화를 통한 리허설이다. 이것은 최종적으로 준비된 강의를 마음속의 영화로 상영하는 것이다. 강의 장소에 도착하여 강단에 서서 인사를 하는 장면에서부터 도입부, 전개부, 종결부 강의를 실시하고 성공적으로 강의를 마친 다음에는 학습자들로부터 박수를 받는 장면까지 자신이 강의하는 모든 장면을 마치 영화를 보듯이 상상해 보는 것이다. 이 시각화 리허설은 다른 사람에게 방해를 받지 않는 조용한 장소에서 차분히 눈을 감고 실시해보는 것이 좋다.

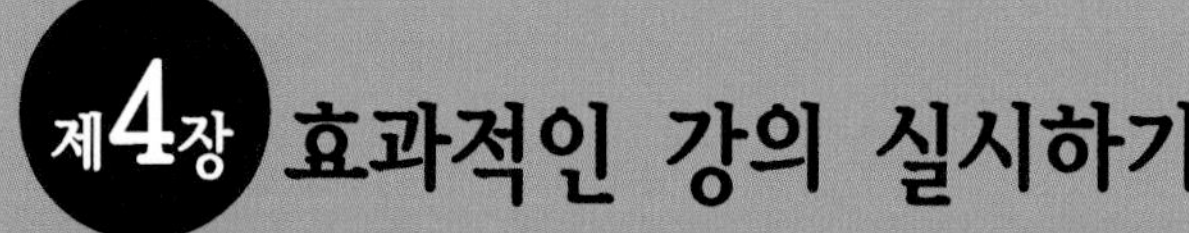
제4장 효과적인 강의 실시하기

강사는 학습자에 대해 감동서비스를 제공해야 하는데 그 첫 번째가 강사의 이미지이다. 강사가 어떤 이미지를 주는 사람이냐에 따라 강의에 대한 신뢰도가 달라지고 학습자의 반응이 다르게 나타난다. 강의 전 또는 실시 중 용모, 복장, 표정 등을 수시로 체크해야 한다.

1) 용모와 복장

대인관계에서 첫인상이 좋으면 심리적으로 교감이 이루어져 신뢰가 형성되고 영향력이 커지지만 거부감을 주면 신뢰관계가 형성되기 어렵다. 그런데 이 첫인상을 결정하는 요소는 전문가들의 연구에 따르면 외모가 80%, 목소리가 13%를 차지하며 인격은 불과 7%밖에 작용하지 않는 것으로 조사되어 있다.

첫인상을 결정짓는 주요 요소는 바로 외모, 즉 용모와 복장인 것이다. 단정한 용모와 복장은 그 사람의 인격을 표시해 준다. 강사는 깔끔하고 단정한 모습을 보여야 하고 전문가처럼 보여야 한다. 그러기 위해서는 비싼 옷보다는 코디가 중요하고, 머리부터 발끝까지의 조화를 이루어야 한다.

남자 강사의 경우, 머리는 앞 머리카락이 눈을 가리지 않게 하고, 옆 머리가 귀를 덮지 않도록 한다. 그리고 가급적 헤어젤이나 왁스 등을 적당히 발라주면 깔끔한 느낌을 준다. 얼굴은 상쾌하고 생기 있는 느낌을 주도록 깔끔하게 면도를 하고 코털을 청결히 한다. 또한 과음, 흡연, 식사로 인한 입 냄새에 주의한다. 복장에서 드레스 셔츠는 흰색·회색·블루 계열, 양복은 짙은 감색, 짙은 회색계열이 적당하고 이것들이 잘 다려져야 한다. 특히 주머니가 불룩하지 않도록 주의해야 하고 넥타이는 양복 색상과 조화가 되도록 양복 색상이 들어 있는 타이를 선택하되 무늬는 선이 굵고 선명한 스트라이프 계통이 적당하며 길이는 벨트 버클 아래 선에 맞추는 것이 정석이다. 벨트는 양복 색상과 같은 계통으로 하되, 캐주얼 벨트는 삼간다. 손을 자주 씻고 손톱은 짧고 청결하게 한다. 양말과 구두는 양복 색상에 맞게 같은 계열로 선택하고 구두는 항시 광택을 유지하도록 한다. 액세서리는 커프스 버튼, 시계, 반지 정도로만 간결하게 하는 것이 좋다.

여자 강사의 경우 앞·옆 머리카락이 얼굴을 가리지 않도록 긴 머리는 묶어야 하고 지나친 염색과 파마는 삼가야 한다. 화장은 진하지 않게 모노톤으로 한다. 복장에서 지나치게 화려하고 유행하는 복장은 지양하고 투피스 정장이나 바지 정장을 착용하는 것이 좋다. 깊게 파인 목선이나 짧은 치마는 피하도록 한다. 구두는 청결하게 하고 샌들은 착용하지 않도록 한다. 액세서리는 한 부분에 한 개 초과 착용을 삼가고 크고 달랑거리는 것은 피해야 한다.

2) 표정과 미소

미국의 한 교통 관련 통계자료에 다음과 같은 것이 있다. 고속도로에서 과속단속에 걸리면 여성과 남성 중 여성이 남성에 비해 훨씬 적게 딱지를 떼인다고 한다. 그 이유는 남자 경찰관들이 단지 여성이라고 봐주기 때문일까? 아니다. 그보다는 여성 운전자와 남성 운전자가 보여주는 태도가 다르기 때문이다. 과속단속에 걸리면 대개 남성들은 잘 웃지 않고 못마땅하다는 표정을 짓는다. 그러나 여성들은 남성들에 비해 훨씬 더 미소를 많이 띠고 미안해하는 기색을 보이면서 과속을 할 수밖에 없었던 개인적인 사정을 더 부드럽게 얘기한다.

"웃는 얼굴에 침 뱉으랴!"라는 속담처럼 웃는 표정으로 요청을 하면 확실히 거절하기가 어렵다. 잘 웃는 사람과 함께 있으면 기분이 좋아지기 때문에 사람들은 잘 웃는 사람을 좋아한다. 웃음은 전염병과 같이 주변으로 잘 퍼진다. 사람과 사람을 이어주는 연결고리 같은 좋은 현상이다. 웃음은 표정만 바꾸는 것이 아니라, 행동을 바꾸고, 감정을 바꾸며, 생각까지 바꾼다.

강의에 있어서도 마찬가지다. 학습자는 밝은 표정의 강사를 좋아한다. 강사가 어두운 표정을 하면 강의실 전체가 어둡게 된다. 밝은 표정과 미소는 강의의 시작이라 할 수 있다. 이것은 바로 학습자에 대한 존중의 표시이자 강사의 생각과 기분을 드러내는 것이다. 처음부터 끝까지 밝은 표정을 유지하도록 한다. 밝은 표정이 잘 안 나오는 사람은 연습이 필요하다. 책상 위에 거울을 갖다 놓고 수시로 거울을 보면서 미소 짓는 연습을 하도록 하자. 화장실에서도, 골목길을 가면서도, 의도적으로 미소 연습을 자주 하면 얼굴 근육이 변하여 밝은 표정이 된다. "위스키", "와이키키"와 같이 "이"자로 끝나는 단어를 선택하여 짧게 울리며 양 입꼬리를 올리는 연습을 수시로 하면서 습관을 들이도록 한다.

밝은 표정을 기본으로 유지하되 강의 내용에 따라 연기력을 발휘하여 다양한 표정을 구사하는 것도 필요하다. 진지한 내용을 말할 때는 진지한 표정, 기쁜 내용을 말할 때는 즐거운 표정, 슬픈 이야기를 할 때는 슬픈 표정 등 강의 내용에 따라 다양한 표정을 보여주도록 한다.

2. 강사의 자신감 키우기

자신감이란 스스로를 믿는 마음, 자기의 능력이나 가치를 확신하는 마음, 성공할 것이라는 믿음이다. 자신감은 의지를 북돋아주는 원동력이자 성공의 밑거름이 된다. 성공하는 사람의 대부분은 무슨 일을 하든지 자신감에 넘쳐 있다. 그러나 자신감이 없는 사람은 늘 시간에 쫓기고 일을 하기도 전에 지레 겁부터 먹는다. 여러분은 어느 쪽에 속하는가? 후자에 속한다면 지금부터라도 스스로의 내면에 잠자고 있는 자신감을 일깨워야 한다. 위대한 철학자 키케로는 "자신감은 그 자체만으로도 확실한 희망과 신뢰를 주는 위대하고 영예로운 마음의 외침"이라고 말한 바 있다.

자신감의 힘은 대단하다. 자신감에 가득 찬 사람은 변화를 즐기고 자신의 능력으로 성공을 이룰 수 있다고 믿는다. 어려운 일과 마주쳐도 당당하게 맞서며 위험을 감수하고 과감하게 도전한다. 실패, 시련, 역경을 맞이해서도 결코 좌절하거나 굴복하지 않고 재도약의 발판으로 삼고 자신을 성장시킬 선물로 간주하는 긍정적인 태도를 가진다.

자신감 있는 강사는 활기가 있다. 바른 자세를 갖추고 당당하게 걸으며 반짝이는 눈빛, 밝은 표정과 미소를 가지고 있다. 또한 힘 있는 목소리, 풍부한 제스처로 학습자에게 자신을 표현한다. 이러한 강사의 자신감은 학습자에게 신뢰를 주고 활력을 준다. 이러한 자신감은 성공적인 강의를 약속하는 힘이 된다.

그렇다면 사람들 앞에서 떨지 않고 자신 있게 강의할 수 있는 비결은 무엇일까? 그 첫 번째 비결은 마인드 파워를 기르는 것이다. 마음속의 생각이 현실을 만들어 내는 법이다. 나약한 생각은 나약한 힘이 되고, 강력한 생각은 강력한 힘이 된다. 떨리는 것에 대한 생각도 전환이 필요하다. 강의에 임해서는 누구나 떨린다. 약 15년 동안 강의 활동을 해온 필자도 강의에 임하면 항상 긴장된다. 떨리는 것은 당연한 현상이다. '학습자들이 나를 어떻게 평가할까?'라는 생각으로 다른 사람들을 자꾸 의식하면 떨림의 현상이 심해진다. 아무도 완벽을 기대하지 않는다. 그러니 다른 사람을 의식할 필요가 없다. 대신 어떻게 하면 학습자의 주의를 집중시키고 강의 내용을 잘 전달하여 학습자를 이해시킬 것인가에 대해 생각하는 것이 좋다.

마인드 파워를 기르기 위해서는 긍정화의 방법을 이용하면 좋다. 긍정적인 생각과 말은 반복할수록 큰 힘을 발휘한다.

"나는 이 강의에서 성공할 것이다", "난 훌륭한 강사이다", "난 학습자들을 완벽하게 사로잡을 것이다" 등과 같은 긍정적인 생각과 혼잣말을 끊임없이 반복한다.

시각화의 방법도 아주 유용하다. 과거에 성공했던 멋진 경험들을 마음속에 떠올리고 그 기분을 느껴본다. 작은 성공이 또 다른 성공을 낳는 법이다. 그러한 즐거운 기분을 가지고 앞으로 해야 할 강의에 대해 자신이 원하는 대로 멋지게 수행하는 장면을 이미지화하여 마음속으로 그려보는 습관을 가져본다. 마음속에서 멋지게 강의하는 자신의 이미지를 생생하게 그려보는 일을 자주 반복하다 보면 실제 강의에서 자신감 있는 모습을 보여줄 수 있고 성공적인 강의 결과를 얻을 수 있다.

다음은 '피그말리온 효과'를 믿는 것이다. 그리스 신화에 나오는 키프로스의 국왕 피그말리온은 어느 날 상아로 멋진 여성상을 조각한 뒤 그의 집무실에 두고 보았는데 점점 볼수록 그 여성상을 진정으로 사랑하게 되었다. 그래서 그는 '이 사랑스러운 조각상이 실제 현실의 여성으로 변하여 내 곁에 있으면 얼마나 좋을까?'라고 강렬하게 원하게 되었다. 이 모습을 바라보고 있던 미와 사랑의 여신인 비너스는 피그말리온의 순수한 마음에 감동을 받아 그 여성 조각상에 생명을 불어넣어 인간 처녀로 만들어 주었다. 그 후 피그말리온은 그 여성과 더불어 행복한 삶을 살게 되었다. 이처럼 '무언가를 간절히 바라면, 바라는 대로 이루어질 수 있다는 현상'을 심리학에서 '피그말리온 효과'라고 한다. 강의에서도 마찬가지이다. 멋지고 훌륭한 강의를 간절히 바라고 그 기대에 부응하기 위해 끊임없이 자신을 개발해 가면 성공적인 강의의 열매를 딸 수 있을 것이다.

자신 있게 강의할 수 있는 두 번째 비결은 철저한 준비이다. 강의 준비가 잘 되어 있으면 자신감을 가질 수 있지만 준비가 미흡하면 무언가 불안하여 자신을 긴장시킨다. 이 책에서 제시하고 있는 3P 분석, 강의 설계, 교보재 개발의 각 단계에서 요구하는 사항들을 철저하게 이행하고 최종 리허설까지 완벽에 가깝게 준비한다면 자신감 있게 강의에 나설 수 있다.

세 번째 비결은 과감한 행동이다. 행동과 자신감은 비례 관계에 있다. 실패를 각오하고 도전해 보면 자신도 모르는 사이에 자신감이 생긴다. 행동하면 할수록 자신감은 커지지만 망설이기만 하면 두려움이 커지게 된다. 조직 내에서 강의 또는 발표의 기회가 있으면 내가 해보겠다고 먼저 나서야 한다. 의식적으로 자꾸 나서서 자주 강단에 서보는 경험이 쌓이면 자신감을 크게 키울 수 있다. 또한 평소에 생활할 때 깔끔한 외모, 바른 자세, 당당한 눈빛, 밝은 표정을 갖추고 활기차게 행동하는 자신감 넘치는 이미지를 구축한다. 자신의 생각이나 의견을 전달할 때에도 힘 있는 목소리, 풍부한 제스처를 사용하면서 언제 어디서나 자신의 의사를 명쾌하게 표현하는 습관을 가진다.

그 밖에 긴장을 풀고 강의에 자신감을 갖게 하는 방법에는

강의 시작 전 심호흡(복식호흡)하기, 가벼운 스트레칭, 학습자
와 미리 대화하기가 있다. 강의 도입부를 진행할 때 학습자에
게 질문을 던지면서 상호작용을 하는 것도 긴장감을 해소시키
고 자신감을 갖게 하는 좋은 방법이다.

3. 목소리의 크기와 발음

목소리는 기본적으로 크게 해야 한다. 크게 하되 권투에서의 잽과 훅처럼 크고 작은 목소리 펀치를 번갈아 날려주는 것이 효과적이다. 즉, 목소리에 변화를 주어야 한다. 예를 들어 '기본은 **크게** 말하되 권투에서의 잽과 **훅**처럼 **크고** 작은 목소리 펀치를 **번갈아** 날려준다'라는 문장을 말할 때, 바탕체 부분은 잽이 되고 굵은 고딕체 부분은 훅이 된다. 따라서 잽 부분은 작게 말하고 고딕체 부분은 크게 말함으로써 고딕체 부분을 강조하면서 전체적으로 목소리의 변화를 줄 수 있다.

사람은 힘이 있고 활기찬 강의를 좋아한다. 에너지가 넘치며 역동적인 강의는 학습자를 압도한다. 강의실 뒤에까지 울리는 크고 변화 있는 목소리, 다양한 표정 풍부한 제스처, 훌륭한 Eye Contact, 학습자는 이런 강사에게 끌려 들어온다. 목소리의 크기도 설득력의 하나라고 할 정도로 강의에 있어서 힘은 반드시 필요한 요소이다. 작은 목소리로 소곤소곤, 눈은 허공을 보거나 내리뜬 채로, 어두운 표정으로 얘기한다면 학습자는 듣고 싶은 생각이 나지 않을 것이다. '재미가 없다, 졸음이 온다, 따분해서 미치겠다' 등, 강의가 끝날 때까지 고통을 견뎌야만 한다. 목소리에 힘을 실어 강력한 강의를 실시하자.

강사가 힘 있는 강의를 할 수 있는가, 없는가는 강의 준비에 달려 있다. 준비도 변변히 하지 않고 단지 기력만으로 하는 것은 좋은 강의가 될 수 없다. 준비가 충실하면 자신감을 가지고 힘 있게 얘기할 수 있다. 또한 준비에 만전을 기했다 해도 몸 컨디션이 나쁘거나 고민거리가 있으면 힘이 나오지 않는다. 강의 전날부터 당일까지 육체적으로나 정신적으로 최상의 컨디션을 유지하도록 하자.

출처: 야하타 히로시(2003)의 내용을 재구성

강사는 또렷하고 정확한 발음을 구사해야 한다. 발음이 정확하면 전달력이 좋아지고 신뢰감을 주며 호소력이 생기게 된다. 정확한 발음을 위해서는 입을 크게 벌리고 또박또박 소리 내어 읽는 연습을 실시해야 한다. 별도의 시간을 내어 낭독 연습을 하도록 한다. 다음과 같은 어려운 문장을 자꾸 발음해보는 것도 좋은 발음 훈련이 된다. 이러한 문장은 처음에는 천천히 또박또박 읽다가 점점 빠르게 발음하는 방법으로 연습한다.

그리고 평소에 신문이나 서적을 읽을 때 하나의 칼럼, 한 페이지라도 소리 내어 읽는 낭독 연습을 하면서 일상생활 속에서 실천하면 발음의 정확도를 향상시킬 수 있다.

말을 할 때는 고개를 숙여 목소리를 웅얼거리지 말아야 하고, 특히 말의 시작과 끝 부분의 발음을 정확하게 해주어야 한다. 천천히, 침착하고 여유 있게 말을 하고 말이 꼬였거나 더듬었을 경우 그 말을 다시 똑바로 반복하고 아무 일 없었던 것처럼 자연스럽게 진행하도록 한다. 또한 강사는 항상 자신감 있게 표현을 해야 한다. '~라고 생각합니다'라는 표현보다는 '~해야 합니다' 또는 '~입니다'라고 소신 있게 표현해야 학습자에게 믿음을 줄 수 있다.

말의 속도는 뉴스 앵커의 뉴스 진행 속도처럼 너무 빠르지도 느리지도 않은 표준 속도로 하되 때때로 리듬 있는 억양을 주고 완급을 조절한다. 말하는 동안에 수시로 나타나는 "그-,

어-, 에-" 등과 같은 불필요한 반복어는 좋지 않은 말버릇이다. 이것들을 너무 많이 쓰게 되면 학습자가 내용보다는 강사의 말투에 자꾸 신경이 쓰여 학습 효과를 떨어지게 하므로 제거해 주어야 한다. 이러한 불필요한 반복어를 제거하려면 자꾸 의식하면서 이를 제거하도록 한다. 평소 다른 사람들과 일상적인 대화를 할 때도 반복어 사용하는 것을 자꾸 의식하면서 이를 제거하도록 신경을 쓰다 보면 점점 반복어 사용 습관이 줄어들게 된다.

근래에 세계적으로 유명한 명연설로 꼽히는 사례가 있다. 바로 버락 오바마 미국 대통령이 2011년 1월 12일 애리조나 총기난사사건 희생자 추모식에서 행한 연설이다. 일명 '51초의 침묵'으로 불리는 이 연설에서 그는 총기난사사건으로 숨진 9세 소녀 크리스티나를 추모하면서 "우리는 아이들의 기대에 부응하는 나라를 만들기 위해 최선을 다해야 합니다."라고 말한 뒤 복받쳐 오르는 감정을 조절하면서 무려 51초 동안 침묵하였다. 그런데 이 예상하지 못했던 침묵이 미국의 전 국민에게 진한 감동을 주었다(이소아, 2011). 이것이 바로 침묵의 힘이다.

강의를 실시할 때에도 51초까지는 아니더라도 말의 앞뒤에 2~3초 간격으로 잠깐 '쉼(침묵)'을 두는 틈새기법을 적용하면 학습자의 주의를 집중시킬 수 있고 전달 효과를 높일 수 있다. 이 기법은 강조할 때, 학습자의 생각을 유도할 때, 결론을 내릴 때 같은 경우에 활용하면 효과적이다. 예를 들면, 강사의

열정을 강조하고자 할 때, "강사의 조건 중 가장 중요한 것은
바로"라고 말한 다음 2~3초의 침묵을 두었다가 "열정입니다"
라고 말하면 열정을 더욱 강하게 강조할 수가 있다.

4. 강사의 자세, 제스처, 시선처리는 이렇게

1) 자세

　강사는 등을 곧게 펴고 서서 이야기해야 한다. 그리고 교탁 뒤에 자신의 몸을 일부 숨기지 말고 자신 있게 강단으로 나와 자신의 몸 전체를 보이면서 강의하는 것이 프로다운 자세이다. 몸의 중심을 한가운데 두고 어깨 넓이보다 약간 좁을 정도로 발을 벌리고 선다. 이때 한 다리에 의지하지 말고 양 다리에 힘을 똑같이 주어야 한다. 양손은 옆에 가지런히 두는 것이 정 위치이다. 제스처를 쓰고 나면 다시 정 위치로 손을 가져온다. 손을 앞으로 맞잡는 자세는 피하는 것이 좋다. 손을 앞으로 맞잡으면 어깨 폭이 좁아지고 어깨 폭이 좁아지면 약하고 어두운 이미지를 주게 된다.

　피해야 할 자세는 다음과 같은 자세들이다. 양손으로 교탁

잡고 상체 굽힌 자세, 팔꿈치를 교탁에 의지한 자세, 교탁에 몸을 기댄 자세, 엉덩이를 뒤로 하고 허리를 굽힌 자세, 한쪽 발을 앞으로 낸 자세, 무릎을 굽힌 자세, 호주머니 입수 자세, 팔짱을 끼고 있는 자세, 양손을 허리에 얹는 자세, 뒷짐을 진 자세, 칠판이나 스크린을 보며 등을 보이는 자세 등이다.

또한 가끔 강단에서 이동하여 강사의 위치를 바꾸어 강사를 보는 학습자 시선에 변화를 주도록 한다. 특히, 질문을 할 때, 박수치기나 체조 등 학습자가 참여하는 활동을 진행할 때, 요약 및 정리할 때, 적절하게 강단을 이동하여 강사의 위치에 변화를 주면 효과적이다.

2) 제스처

제스처는 강사의 몸짓 언어이다. 몸은 때로는 입보다 더 많은 말을 한다. 강의에서는 어느 정도 연기력도 필요하다. 이를 위해 음성 표현 못지않게 중요한 것이 바로 신체 표현이다. 예를 들어 '3부 구성'을 강조할 때, 말로만 표현하는 것보다 손가락 세 개를 펴 보이며 '3부 구성'이라고 말하는 것이 학습자의 시선을 끌고 전달 효과를 높일 수 있다. 강의 진행 중 어떤 시점에서 필요하다고 생각할 때는 의식적으로 제스처를 사용하여 학습자에게 전달 효과 및 극적 효과를 높이도록 한다.

제스처에는 메시지를 담는 제스처가 있다. 손가락으로 숫자를 나타내는 것, 강조하고 싶은 말과 함께 맨주먹을 보이는 것, 부정할 때 머리를 좌우로 흔드는 것 등이 이에 해당한다. 또한 신체로 삽화 그리기가 있는데, 몸이나 팔을 이용해 어떤 모양을 그리며 설명하는 것이 여기에 해당한다. 양, 매출, 비율 등을 나타낼 경우에는 수직 제스처가 적당하고 흐름이나 절차 등을 표현할 때에는 수평 제스처가 유용하다.

제스처를 구사할 때는 제스처를 먼저 보여 주고 그런 다음 언어를 사용하는 것이 효과적이다. 예를 들어 "중요한 점이 3가지 있습니다."라고 강조 할 때는 "중요한 점이…"까지 말하고, 3개의 손가락을 보이며 잠깐 틈새를 둔다. 그런 다음 "3가지가 있습니다."라고 말하는 것이다(야하타 히로시, 2003). 또한 제스처는 손과 팔 전체를 이용하여 크게 하고 제스처의 시작과 끝을 분명하게 하는 것이 효과적이다. 그리고 제스처를 구사하는 공간은 허리에서 머리 끝 사이에서 구사하는 것이 좋다. 그래야만 학습자의 시선 분산을 막고 강사에게 집중시킬 수가 있다.

제스처를 구사한다고 해서 불필요한 신체적 조작을 해서는 안 된다. 머리를 긁적이는 것, 손을 비비는 것, 빈번히 머리카락을 만지는 것, 무릎을 흔드는 것, 발돋움 하는 것, 포인터를 시각자료 가리키는 목적 이외로 여기저기 돌리고 책상을 탁탁 치는 행위 등은 피해야 한다.

3) 시선처리

　서로가 시선을 맞대고 이야기한다는 것은 상대방을 서로 인정하고 존중하고 있다는 것을 나타낸다. 반대로 시선을 피하고 있으면 상대에 대한 무관심이나 부정을 나타내는 것으로 인식될 수 있다. 따라서 적절한 시선처리는 강사에게 있어서 중요한 비언어적 스킬 중 하나이다. 우선 시선은 학습자에게 골고루 배분해주어야 한다. 특히 양쪽 끝의 사각지대와 멀리 있는 학습자에게 시선을 주도록 신경을 써야 한다. 시선을 줄 때는 얼굴도 따라가야 한다. 눈동자만 움직이지 말고 눈을 돌린 방향으로 얼굴도 따라가도록 한다. 그리고 하나의 문장마다 학습자를 바꾸어 가며 시선을 주면 효과적이다. 또한 슬라이드를 활용하여 강의를 진행할 때, 슬라이드의 내용을 보고 읽느라고 시선이 너무 자주 화면에 머무르는 경우가 있는데 이것은 좋지 않은 습관이다. 슬라이드 화면의 내용을 포인터 등을 활용해 잠깐 지시해 보이고 말을 할 때는 돌아서서 학습자 전체에게 시선을 골고루 주면서 진행하는 것이 효과적이다.

　시선 처리의 방식과 순서에는 정답이 없다. 그러나 일반적으로 학습자의 좌석 배치에 따라서 구분하여 적용하는 것이 좋다. 예를 들어 학습자들을 워크숍 형식으로 5개의 팀으로 배치했을 경우에는 먼저 1팀의 팀원들에게 골고루 시선을 주고 다음에는 2팀→3팀→4팀→5팀 순으로 팀원들에게 골고루 시선을 준다. 그러고 나서 다시 거꾸로 5팀→4팀→3팀→2팀→1팀의 순서로 각 팀의 팀원들에게 골고루 시선을 준다. 이런 순서를 반복적으로 운영하면서 시선을 처리하면 무난하다. 둘째, 학습자들의 좌석 배치가 학교처럼 일자식인 경우에는 좌측에서 우측으로, 다시 우측에서 좌측으로 지그재그 방식으로 시선을 옮겨가는 것이 좋다. 그리고 학습자의 규모가 작은 경우는 한 사람 한 사람 모두에게 시선을 주고, 학습자의 규모가 큰 경우에는 구역별로 나누어 시선을 주는 것이 원활한 방법이다. 이와 같은 시선처리 방식을 참고하여 각자 나름대로의 시선처리 방식과 순서를 미리 정해 두고 연습하여 실제 강의에 적용하도록 한다.

5. 도입부가 잘되어야 강의 전체가 잘된다

‘시작이 반이다’, ‘시작이 좋으면 끝도 좋다’라는 말이 있다. 그만큼 시작이 중요하다는 말일 것이다. 강의 시작을 잘하게 되면 학습자는 강의에 흥미와 의욕을 갖고 적극적으로 수업에 참여하게 된다. 강사의 입장에서도 도입부가 잘 풀려야 긴장도 완화되고 강의 전체를 여유 있게 진행할 수가 있다. 그러기 위해서는 교안 작성 시 구상한 강의 도입부 시나리오를 사전에 철저하게 암기하고 연습하여 자연스럽게 풀어나가야 한다.

강의 장소에 들어가기 직전에는 누구나 긴장을 한다. 그러다 보면 표정이 굳어지고 몸이 경직될 우려가 있다. 이를 해소하기 위해 가벼운 스트레칭으로 몸 전체를 풀어주고 복식호흡을 깊게 반복하도록 한다. 또한 주먹을 불끈 쥐고 스스로에게 ‘나는 잘할 수 있다. 자신감을 갖자’, ‘학습자 전체를 압도한다’라는 식으로 자신만의 혼잣말을 정해 스스로에게 긍정적인 최면을 걸어 보면 긴장 해소에 많은 도움이 된다.

1) 주의집중(Attention)

강의 도입부의 첫 단계는 주의집중이다. 먼저 당당한 자세로 강단으로 이동한다. 그리고 강단에서 바로 말을 시작하지 말고 일단 심호흡을 한번 하고 나서 다정하게 미소를 띠고 학습자 전체를 둘러본다. 그러면 강사 자신도 긴장이 해소되고 학습자들도 수강하는 마음의 준비를 하게 된다. 그리고 나서 큰 목소리로, 또박또박, 천천히 이야기를 시작한다. "여러분, 반갑습니다", "안녕하십니까?"와 같이 먼저 인사말을 한 다음 친근감을 주기 위해 여담, 질문 등으로 시작한다. 이때 학습자, 소속 기관, 지역 등 학습자와 관련된 이야기를 적절하게 사용하면 친근감을 주게 되고 학습자가 친근감을 갖게 되면 강사에게 관심을 가지고 집중하게 된다. 또한 계절, 날씨, 뉴스 등 일상적인 이야기를 활용해도 좋다.

그리고 나서 강사 소개를 해야 하는데 학습자의 긴장을 풀어주고 강사의 이름과 이미지를 각인시켜주기 위해 자기만의 독특한 소개법을 개발하여 사용한다. 예를 들면 닉네임 소개, 이름풀이, 삼행시, 강사의 히스토리 등의 방법 중 적절한 것을 선택하여 미리 준비한 대로 강사 소개를 진행한다. 강사 소개는 강의 시간의 양에 따라 적절하게 조절하되 너무 장황하거나 심한 자기과시는 피하도록 한다. 사내강사 또는 동료 직원으로서 강단에 서는 경우와 같이 학습자가 강사에 대해 잘 알고 있는 경우는 여담을 곁들여 짧게 소개하도록 한다.

2) 동기부여(Motivation)

강의 도입부의 두 번째 단계는 동기부여이다. 우선 강의 제목 또는 주제에 대해 이야기한다. 제목, 주제와 관련된 주변 이야기 등으로 선정 배경을 설명하거나 주제와 관련된 적절한 질문을 던져 학습자의 주의를 끌고 참여시키면 효과가 있다. 예를 들어, 필자가 프레젠테이션 강의를 진행할 때 이 단계에서 "오늘 강의 제목은 프레젠테이션 나라의 친절한 디자인 씨입니다. 여러분, 이런 제목 어디서 들어본 느낌 들지 않으세요?"라고 질문을 하면 학습자 중 '친절한 금자씨' 영화를 보았거나 알고 있는 사람은 적극적으로 답변을 하게 된다. 그러면 자연스럽게 학습자와 상호작용을 하면서 이 부분을 진행할 수 있다.

또한 이 단계에서 꼭 언급해야만 하는 것은 이 강의가 학습자에게 왜 필요하고 중요한지에 대한 이야기이다. 학습자 담당 업무와의 관련성, 역량개발과의 관련성, 인사관리와 관련성 등과 같이 본 강의와 학습자의 연관성을 제시하거나 본 강의를 통해 학습자가 얻게 될 이익이나 효용성을 언급해 주면 학습자가 강의에 임하는 긍정적인 태도를 자극시킬 수 있다.

그리고 나서 학습자의 입장에서 구체적인 행동목표가 될 강의 전체의 학습목표를 명확하게 제시한다. 이때 시각적으로 효과를 줄 수 있도록 강의 슬라이드에 도해와 애니메이션 효과를 적절히 활용하여 학습자에게 학습목표를 효과적으로 각인시킨다.

3) 학습개요(Overview)

강의 도입부의 세 번째 단계는 학습개요이다. 학습개요는 강의 진행 순서(road map)를 제시하는 것이다. 이것은 강의 목차로서 강의 전체의 큰 뼈대를 보여주는 부분이다. 강의 내용을 체계적으로 진행하기 위해서 학습개요는 꼭 제시하도록 한다.

학습개요를 제시할 때에는 강의 내용 선정·배열 시 적용하였던 3부 구성을 통해 체계적이고 논리적으로 학습자에게 이해시키고 학습자의 머릿속에 기억시키도록 한다. 너무 장황하고 항목이 많은 목차를 제시하면 학습자의 수강 의욕을 떨어뜨리게 되므로 간결하게 대항목 위주로 큰 그림을 제시하도록 한다.

학습개요 역시 강의 슬라이드를 통해 도해, 애니메이션 효과와 음향효과를 적절하게 활용하면 좋다. 아울러 "오늘 강의는 첫째, ~에 대해서, 둘째, ~에 대해서, 셋째 ~에 대해서 진행하도록 하겠습니다"라고 말하면서 강사의 손가락 제스처를 곁들여 사용하면 학습개요를 효과적으로 전달할 수 있다.

6. 주의력을 집중시키는 방법

　전개부는 도입부에서 제시한 학습개요의 순서에 따라 학습 내용을 구체적으로 설명하고 이해시키며 설득하는 단계이다. 전개부 진행에 있어서의 핵심은 학습자의 주의력을 지속적으로 집중시키는 것이다. 일반적으로 1시간짜리 강의를 들었을 때 첫 15분에 강의한 내용은 75% 정도 기억하고 그 후에는 기억도가 차츰 떨어져서 맨 마지막 15분에 강의한 내용은 20%도 기억하지 못한다고 한다. 이렇듯 시간이 갈수록 학습자의 주의력이 떨어지는 것은 자연의 이치이기 때문에 강사는 학습자가 계속적으로 주의력을 집중할 수 있도록 도와주어야 한다. 그러기 위해서는 강의를 단막극으로 진행하지 말고 다막극으로 진행해야 한다. 매 15~20분마다 다양한 기법으로 변화를 주면 학습자가 강의 시간 내내 상당히 높은 주의력을 유지할 수 있다.

1) 주의력 집중 요령

학습자의 주의를 집중시키기 위해서는 다음과 같은 다양한 방법 중에서 선택하여 적절한 시기에 강의에 변화를 주면서 진행하도록 한다.

- 활기찬 목소리로 신나게, 열정적으로 강의하며 음성의 강약, 완급을 변화 있게 구사한다.
- 적절한 질문을 던져 학습자의 긴장 이완을 방지하고 참여를 유도한다.
- 강의 내용과 관련 있는 적절한 예화, 사례를 사용하여 학습자의 관심을 유도한다.
- 교재의 일정 부분을 학습자에게 낭독시키거나 전체의 복창을 유도한다.
- 비언어 자료(제스처, 판서, 시청각 보조자료 등)를 활용하여 주의집중을 유도한다.
- 휴식 시간 후 강의 시작 시 박수치기, 체조, 관련 여담 등을 활용하여 워밍업을 실시하거나 지난 시간에 배운 내용을 간단히 요약하면서 주의집중을 유도한다.

2) Spot기법 활용

Spot기법이란 강의 시작 또는 중간에 짧은 시간 동안 삽입하여 구사하는 연출기법을 말한다. 또한 사내외 강사 사정으로 수업 진행이 원활하지 못할 때 교육 담당자가 대신 진행하는 활동 등도 포함된다. Spot기법을 사용하면 학습자의 주의를 집중시키고 적극적인 참여를 유도하는 효과가 있다. 가장 간단한 기법인 박수치기에서부터 체조, 퀴즈, 게임, 동영상, 노래 및 음악, 명상 등의 방법 중에서 적절하게 선택하여 사용하도록 한다.

3) 유머 활용

유머 역시 학습자의 주의를 집중시키기 위한 좋은 방법 중 하나이다. 이를 효과적으로 사용하기 위해서는 준비를 잘해야 한다. 평소에 방송이나 영화 등을 통해 재미있는 이야기를 메모해 두거나 유머 서적내용 발췌, 인터넷 검색 등을 통해 꾸준히 유머의 소재를 발굴하여 강의자료 파일에 보관해 둔다.

이러한 유머 자료 중에서 강의에 사용할 유머는 가급적 강의 내용과 관련된 것을 선택해야 한다. 피해야 할 유머는 신체적·정신적 장애를 대상으로 한 유머, 비난이나 험담하는 유머, 사람을 조롱하거나 놀리는 유머, 지역감정을 유발하는 유머, 정치적 내용과 관련된 유머, 특정한 종교나 집단에 대한 유머, 남녀차별이나 성희롱과 관련된 유머, 음담패설과 관련된 유머, 강의 내용과 전혀 관련이 없는 유머 등이다(조관일, 2006). 따라서 people 분석에 따라 유머의 내용과 수준을 적절하게 조절한다. 유머를 준비할 때에는 사용 시점을 교안 작성 시 치밀하게 계획하여야 하고 실제로 꼭 연습해 보도록 한다. 학습목표에 맞지 않게 그저 재미있는 내용만을 많이 사용하면 학습자 반응은 좋을지 모르나 강의가 끝난 후 남는 게 없는 교육이 되어 오히려 교육효과를 떨어뜨리게 되므로 유머의 양과 소재 선택에 신중을 기한다.

유머를 활용한다는 것은 일반적으로 재미있는 말이나 우스꽝스러운 행동으로 전달하는 것으로 생각하기 쉽다. 그래서 강사가 개그맨처럼 재미있게 유머를 사용하도록 요구하기도 한다. 그러나 누구나 개그맨처럼 되기는 쉽지 않다. 특히 말재주가 없거나 자신의 진지한 성향으로 인해 유머 구사에 어려움을 느끼는 사람이라면 다양한 방법들을 동원하여 유머기법을 활용할 수 있는 것도 고려해야 한다. 재미있는 그림이나 동영상을 이용할 수도 있고 학습자 중 재미있는 사람을 참여시켜서 웃음을 유도하는 방법 등도 있다. 강의 유머는 말재주나 연기력이 부족해도 자신의 노력으로 얼마든지 강의에 활용할 수 있다.

유머를 사용할 때에는 메모를 보며 이야기하면 안 된다. 완전히 자기의 것으로 소화하고 극적인 요소를 가미해 쇼맨십을 가미하여 사용해야 효과적이다. 학습자를 웃기려 할 때는 능청스런 표정, 장난기 있는 어조, 특이한 몸짓, 리드미컬한 화법 등을 조화시키면 그 효과를 배가시킬 수 있다. 또한 사용 직전에 강사가 웃기는 얘기를 하나 해 주겠다고 말할 필요는 없다. 김이 빠지기 때문이다. 유머를 구사하기 전에 강사가 먼저 웃어서도 안 되고 학습자가 "와" 하고 웃고 나서 강사가 따라 웃어줌으로써 폭소의 강도를 높일 수 있다. 유머는 장황한 상황 설명이 뒤따라서는 곤란하고 짧은 시간의 말과 몸짓으로 폭발적인 웃음을 자아내게 구사한다.

7. 알기 쉽게 설명하기

　　전개부 진행에 있어서 강사가 수행해야 할 많은 부분이 강의 내용을 설명하고 이해시키는 일이다. 어려운 내용이라도 알기 쉽게 풀어서 설명할 수 있는 강사가 훌륭한 강사이다. 먼저 강사 자신이 설명할 내용을 사전에 충분히 소화해야 하는데 특히, 교재나 강의에서 다루게 될 용어는 사전, 관련 서적 등을 통해 정확한 뜻을 파악해 두도록 한다. 또한 학습자의 입장에서 지식의 수준이 어느 정도인지를 가늠해 이해시키기 위한 방법을 강구한다. 알기 쉽게 설명하기 위해서는 다음과 같은 요령들을 사용한다.

- 어려운 한자나 약어는 풀어 쓰고 과도한 외래어 사용은 자제하며, 전문용어는 일상적인 용어로 바꾸어 설명한다.
- 어떤 방법을 이해시키고 싶다면 강사가 시범을 보인 후

학습자가 따라해 보도록 한다.

- 원리나 개념을 이해시키려면 실제 사례를 든 후 설명한다.
- 강의 슬라이드나 판서를 활용하여 그림이나 도해를 통해 시각적으로 설명한다.
- 친밀성 전략을 적극적으로 구사한다. 즉 학습자가 이미 알고 있는 것, 익숙한 것과 연관시켜 설명한다.
- 특징을 강조하고 싶다면 다른 것과 대비시켜 설명한다.
- 결론을 먼저 말한 뒤 그 이유와 근거를 설명한다.
- 전체와 연관 지어 부분을 설명한다.
- 모듈별 또는 장별 요약·정리를 실시하여 학습한 내용을 재환기시킨다.
- 중요한 메시지나 키워드는 반복하여 강조한다.

8. 이야기로 꾸미는 드라마기법

2차 전지가 변화시킬 생활 패턴에 대해 강의를 할 때 위와 같은 이야기를 들려주고 설명을 하면 효과가 매우 크다. 바로 드라마 기법을 활용하기 때문이다. 드라마기법이란 학습자가 드라마의 한 장면을 보는 듯한 느낌을 주도록 표현하는 기법이다. 설명 대상을 이야기로 꾸며 실제 상황에서 어떻게 이용되는지를 보여준다. 그러면 학습자는 실제 그 장면에 함께 있는 듯한 느낌을 가지게 되고 일종의 모의 체험을 하게 되는 시뮬레이션 효과가 있다. 이렇게 전달하면 단순하게 방법이나 기능을 설명하는 것보다 학습자가 훨씬 이해하기 쉽고 기억에 오래 남는다.

드라마기법과 유사한 방법이 예화를 활용하는 것이다. 예화 역시 강의 내용을 쉽게 이해시키는 아주 효과적인 도구이다. 강사의 직접·간접 체험, 지식체험(속담, 격언, 명언, 문학작품 등) 중 강의 내용과 연관 있는 것을 선택하여 활용한다. 이를 위해서 평소에 좋은 얘깃거리나 자료가 생기면 즉시 메모하거나 복사하여 별도의 자료 파일을 만들어 준비하는 것이 좋다. 그래야 실제 강의를 맡게 되었을 때 신속하고 적절한 소재를 강의에 활용할 수 있다.

9. 마음을 움직이는 감성기법

　2006년 미국의 전 부통령 엘 고어는 지구온난화의 위험을 알리고 전 세계에 신속한 대처를 촉구하는 내용의 다큐멘터리 영화 '불편한 진실'을 제작하여 발표했다. 이 영화는 엘 고어가 세계 곳곳을 다니며 강의하는 장면으로 채워져 있는데 한 강의에서 자신이 이 일의 전도사로 나서게 된 계기가 된 한 사건에 대해 이야기하였다. 그 사건은 그의 사랑하는 아들을 교통사고로 잃을 뻔한 슬픈 이야기였다. 그는 그 사건을 겪으면서 우리가 당연하게 가지고 있는 것들의 소중함을 깨닫게 되었고, 그래서 우리가 당연히 누리고 있는 지구라는 소중한 자연에 대해서도 큰 관심을 갖게 되었으며 지구라는 이 소중한 자산을 후대에 잘 물려주기 위해서 이 일에 적극적으로 나서게 되었다고 하였다. 그는 이 이야기를 할 때, 잔잔한 배경음악을 들려주면서 그의 아들 교통사고와 관련된 사진, 맑고 깨

끗한 자연의 모습을 보여주는 동영상 등을 활용하면서 마치 시를 낭송하듯이 목소리에 감정을 실어서 전달하였다. 누구라도 그 장면을 보면 슬픈 감정을 공감하고 그의 말에 마음이 움직이지 않을 수가 없어 보였다. 엘 고어는 감성기법을 강의에 잘 적용하고 있었다.

감성(emotion)이란 오감(시각, 청각, 후각, 미각, 촉각)의 자극에 대하여 마음이 변화하는 성질을 말한다. 강의에 있어서 감성기법은 오감의 자극을 통해 학습자의 마음을 움직여서 공감하게 만들거나 설득하는 방법이다. 감성기법을 적용하는 가장 기본적인 방법은 목소리를 통한 감정 표현이다. 강사가 말하려는 내용을 머릿속에 그리며 감정이 깃든 목소리로 정성껏 표현한다. 이때에는 연사가 원고를 읽듯이 말하면 안 되고 학습자와 눈을 맞추어가며 이야기하듯이 자연스럽게 표현한다.

두 번째 방법은 감성 자극이다. 특정 부문에서 학습자가 많은 감각으로 느끼게 하면 좋다. 또한 실패나 역경을 딛고 일어나서 성공한 사람의 교훈적인 이야기, 잔잔한 감동을 주는 일상의 이야기, 학습자의 정서를 부드럽게 어루만져주는 멋진 시, 그림 등을 활용한다.

세 번째는 다양한 매체를 활용하는 방법이다. 사진, 만화 등을 활용하거나 적절한 음악을 선정하여 활용한다. 음악은 우리들의 감성에 강한 영향력을 발휘하는 효과가 있다. 또한 영화, TV 드라마, 다큐멘터리, 플래시 등의 동영상을 활용하여 이야

기와 음악과 영상을 결합하여 전달하면 학습자의 감성을 자극
하는 데 아주 효과적이다.

10. 상호작용을 촉진시키는 질문화법

　　강사가 일방적으로 전달하는 강의방식으로부터 강사와 학습자가 상호작용 하면서 대화의 형식으로 강의를 진행하는 것이 보다 효과적인 강의 방식이다. 이를 위해 강사는 질문화법에 대한 사전지식을 갖고 강의 진행 시 적절한 질문의 활용으로 학습자의 주의를 환기시키고 흥미로운 분위기 속에서 강의를 전개해 가도록 해야 한다. 질문은 다음과 같은 효과가 있다.

- 학습자의 주의를 집중시킨다.
- 흥미를 갖게 하고 학습자를 참여시킨다.
- 학습자와 강사의 상호작용을 촉진시킨다.
- 학습자의 이해도를 파악할 수 있다.
- 학습자 이해의 폭을 넓힌다.
- 학습자가 갖고 있는 정보를 모을 수 있다.

질문의 방식에는 먼저 전체질문과 지명질문이 있다. 전체질문은 학습자 전원에게 던지는 질문이고 지명질문은 특정한 학습자를 지명하여 실시하는 질문이다. 중계질문은 학습자에게 질문을 받았을 때 강사가 직접 답하지 않고 이 질문을 다른 학습자에게 다시 던지는 질문이고 반대질문은 질문에 대한 대답을 질문자 본인에게 되물어 의견을 구하는 질문이다.

개방형(Open)질문은 학습자의 자유 의견을 묻는 질문이다. 예를 들어 "상사와 커뮤니케이션을 잘하려면 어떻게 하면 좋을까요?"라고 물으면 커뮤니케이션 증진을 위한 학습자의 다양한 의견을 유도할 수 있다. 폐쇄형(Close)질문은 'Yes' 또는 'No'의 답변을 유도하거나 답이 하나밖에 없는 답변을 유도하는 질문이다. 예를 들면 "당신은 미국에 가 본 적이 있습니까?", "스페인의 수도는 어디입니까?"와 같이 구사하는 질문이다. 전체질문과 개방형질문은 많은 학습자와의 상호작용을 촉진시키는 효과가 크므로 주로 사용하고 때때로 지명질문, 중계질문, 반대질문, 폐쇄형질문을 섞어서 사용하는 것이 좋다.

강사가 학습자에게 질문을 주고 답을 받을 때의 기본적인 절차는 '질문을 실시한다→답변을 청취한다→반복·요약한다→칭찬한다'이다. 예를 들면 다음과 같다.

그러나 폐쇄형(Close)질문처럼 단답형 답변을 요구한 질문인 경우에는 반복 · 요약하는 단계는 생략해도 무방하다. 그래도 칭찬은 꼭 해주도록 한다. 칭찬을 해줌으로써 학습자의 참여 의욕을 북돋아 학습자와의 상호작용이 원활해질 수 있다.

또한 강사가 학습자의 질문에 답을 줄 때의 기본적인 절차는 '질문을 청취한다→반복 · 요약한다→칭찬한다→답변한다→확인한다'이다. 예를 들면 다음과 같다.

이 경우도 간단한 질의·응답인 경우에는 반복·요약하는 단계와 확인하는 단계는 생략할 수 있다.

질문화법을 구사할 때 고려해야 할 사항은 먼저 질문 시나리오를 준비하는 것이다. 교안 작성 시 질문을 어느 시점에 할 것인지, 질문방식은 전체, 지명, 중계, 반대, 개방형, 폐쇄형 중 어떤 것으로 할 것인가를 미리 정해 둔다. 그리고 전체 질문 시 학습자의 발언을 요구할 것인가 아니면 강사가 답변할 것인가를 미리 정해 둔다. 학습자로 하여금 생각하게 하고 싶거나 답변을 요구하는 것이 부적절할 경우 강사가 질문을 주고 약간의 '쉼(pause)'을 두었다가 자신이 답변하도록 준비한다(야하타 히로시, 2003). 지명질문을 계획할 경우 수업 분위기를 살릴 수 있는 적극적인 사람 또는 주요 인물을 선정한다. 질문을 할 때의 요령은 학습자와 시선을 낮추어 질문하고 질문내용은 답변하기 쉬운 질문을 한다. 기대에 벗어난 답변을 하더라도 핀잔을 주어서는 안 되며 긍정적으로 대응한다(예: 그렇게 볼 수도 있겠군요. 하지만 이 경우에는…).

강사의 질문에 침묵할 경우에도 대응해야 하는데 학습자의 주변 상황과 관련시키면서 당사자 의식을 갖게 만들거나 사례를 활용하여 학습자를 끌어들이는 방법을 활용한다(야하타 히로시, 2003). 학습자 질문에 대한 답변은 결론부터 말하고 그 이유와 근거를 간결하게 제시하며 답변을 이해했는지를 확인한다. 항상 친절하게 답변하고 질문자와 논쟁을 벌이지 않는다. 학습자의 질문에 적절한 답변을 할 수 없을 때, 모르는 것은 솔직히 인정하고 추후 조사해 알려 주도록 한다. 그리고 답변해서는 안 되는 질문(강사의 전문 분야가 아닌 것 또는 답변할 입장이 아닌 것 등)에는 정중히 거부한다.

11. 기타 교보재 사용하기

1) 판서 요령

교안 작성 시 어느 시점에서 판서를 할 것인지, 어떻게 판서하며 설명할 것인지에 대해서 미리 계획을 세운다. 판서 시 글씨는 알아보기 쉽게 크고 또렷하게, 그리고 빨리 쓰도록 한다. 그래야 전문가처럼 보인다. 천천히 쓰게 되면 학습자에게 답답한 느낌을 준다. 판서할 때 신체의 위치는 판서내용이 몸으로 가려지지 않도록 옆으로 비켜서서 써야 하며, 강사의 등이 학습자를 향하여 보이면 안 된다.

화이트보드(혹은 흑판)는 기본적으로 세로 2등분하여 왼쪽에는 주제나 항목명 등을 쓰고 오른쪽에는 구체적 설명, 그림, 도표 등을 쓰도록 한다. 강의 슬라이드를 사용하는 경우에는 강의 슬라이드에 주제나 항목명을 제시하게 되므로 화이트보드를 이등분하지 않고 전체를 설명을 위한 공간으로 사용하는 것이 적절하다. 화이트보드 좌우측 하단은 학습자 입장에서 잘 보이지 않으므로 가급적 사용하지 않는다.

화이트보드 사용 시 마커로 글씨를 쓴 다음 바로 마커 뚜껑을 닫는 습관을 갖는다. 바로 뚜껑을 닫지 않은 상태에서 얼마간 설명한 다음 다시 글씨를 쓰게 되면 마커심이 건조되어 잉크가 잘 안 나와서 판서를 또렷하게 할 수 없다. 마커 색은 흑색, 청색, 빨간색을 고루 준비하여 강조할 부분에 적절히 색깔을 구분하여 판서한다. 강의를 끝낸 후 판서내용은 가급적 강사 자신이 모두 지우도록 한다.

2) 마이크 사용

마이크는 강사 목소리의 변화를 주기 위해, 목 보호 차원에서, 그리고 학습자에게 강의 내용을 명확하게 전달하기 위해 의도적으로 사용하는 것이 좋다. 마이크 사용 시 강단에서의 이동이 자유로울 수 있도록 유선 마이크보다는 무선 마이크를 사용한다. 무선 마이크도 핸드 마이크보다는 핀 마이크를 쓰는 것이 좋다. 그래야 양손으로 자유롭게 쓸 수가 있어서 제스처를 자유롭게 구사할 수 있다. 강의 장소의 마이크나 음향 시설이 미흡한 곳에서는 강사가 휴대용 마이크를 준비하여 사용하도록 한다.

3) 기타 도구 사용

　스크린의 내용을 지시하며 설명할 경우 주로 레이저포인터를 사용하고 화이트보드 내용 설명 시 레이저포인터 또는 지시봉을 사용하도록 한다. 이때 주의할 점은 레이저 포인터를 빙빙 돌리거나 화면이나 화이트보드가 아닌 곳을 지시하는 일이 없도록 한다. 기타 보조 재료는 먼저 사용할 것은 위에, 나중에 사용할 것은 아래에 순서대로 정리해 둔다. 보조 재료는 꼭 사용할 것들만 배치하여 강사용 책상 주변을 항상 깔끔하게 유지하도록 한다.

12. 토론식 강의 진행하기

토론식 강의는 강사에 의한 일방적인 지도 방법인 강의식 강의를 보완하여 학습자를 수업에 적극적으로 참여하게 함으로써 학습효과를 높일 수 있는 강의 방법이다. 학습자는 연구, 체험, 토론, 발표 등의 활동을 통해 주도적으로 수업에 참여하고 강사는 학습자의 활동이 원활하게 진행될 수 있도록 안내하고 촉진하며 지원하는 퍼실리테이터의 역할을 주로 수행하게 된다.

기업이나 지역사회에서의 교육은 대부분 성인학습자들을 대상으로 하는데 성인학습자의 특성을 잘 반영하여 강의 효과를 잘 살릴 수 있는 강의 방법이 이 토론식 강의이다. 성인학습자는 각자가 독립적인 자아개념이나 논리, 신조 등을 가지고 있는 특성이 있다. 이러한 특성을 잘 살리려면 학습자가 자신의 생각, 의견이나 주장을 제시할 수 있도록 기회를 부여해야 한다. 또한 성인학습자는 다양한 경험을 가지고 있기 때문에 그들의 경험을 이야기하고 반성하고 공유하는 과정을 통해 서로 배우고 학습하는 기회를 갖는 것이 필요한데 이를 잘 살릴 수 있는 강의 방법이 바로 토론식 강의이다.

토론식 강의는 사회적인 기능이나 태도를 배양할 수 있는 장점도 있다. 토론 과정을 통해 발표력, 경청 능력, 협상 능력 등을 기를 수 있고 존중, 이해, 배려, 공동체 의식 등의 태도를 학습할 수 있다. 또한 학습자 본인이 토론 주제에 직접 참여하였기 때문에 더 잘 기억되고 교육을 받은 후 행동에 연결시키기 용이하다.

그러나 강의식 교육에 비해 시간이 많이 소요되므로 교육 시간이 충분한 경우에만 활용할 수 있다. 인원수나 장소에 제한을 받는 단점도 있다. 또한 이 방법은 학습자가 일정 수준 이상의 지식이나 경험을 가지고 있는 경우에 효과적이지만 초보자를 대상으로 하는 강의에는 효과가 떨어지는 단점이 있다. 토론식 강의의 형태를 크게 2가지로 나누면 전체 토론식과 팀별 토론식이 있다.

1) 전체 토론식 강의

이 방법은 교육 참가자의 수가 많아서 팀별 활동이 어렵거나 강의실 조건상 학교 식으로 좌석이 배치되어 있는 경우에 적합한 토론식 강의이다. 강사는 강의 실시 중 강의 방법의 변화가 필요하다고 판단되는 시점에 전체 학습자에게 토론과제 또는 질문사항을 학습자 전체에게 던지면서 3~5분 동안 생각할 시간을 준다. 또는 영화, 드라마, 다큐멘터리 등의 동영상을 보여주면서 그 동영상이 우리에게 주는 시사점에 대해 생각하게 한다. 그런 다음 전체 학습자에게 의견 발표를 유도한다. 한 사람이 자신의 의견을 발표하면 이 사람의 의견에 대해 다른 의견이나 보완 의견을 가진 사람에게 발표를 하도록 유도한다. 이러한 과정을 반복하면서 학습자 전체를 토론의 장으로 참여시킨다. 어느 정도 토론을 진행했으면 중단시키고 강사가 여러 사람의 의견을 종합하여 요약하고 정리하여 결론을 제시한다.

개인별 토론 참여에 소극적이거나 부담을 갖는 학습자가 많아서 토론이 원활하지 않은 경우에는 옆 사람과 짝을 지어 주고 두 사람이 토론과제 또는 질문사항에 대해 논의하게 한다. 그리고 나서 3~5분 경과 후 전체 토론을 유도하면 혼자일 때보다는 둘이 할 경우 서로 협력해서 과제 또는 질문에 대한 해답을 찾아갈 수 있으므로 보다 활발하게 토론 분위기를 이끌어 갈 수가 있다.

2) 팀별 토론식 강의

이 방법은 교육 참가자의 수가 30명 이내이고 강의실 크기나 구조가 팀별 좌석 배치에 용이한 경우에 활용하면 효과적이다. 그러나 인원이 30명을 초과하더라도 장소만 허용된다면 팀 수와 팀원 수를 늘리는 방법 등을 통해 융통성 있게 토론식 강의를 진행하는 것이 좋다.

(1) 팀 구성

1개의 팀은 6명 내외로 구성하는 것이 가장 적합하다 이것은 팀별로 토론을 진행할 때의 참여 유도, 팀 리더의 통제 범위 등을 고려한 인원이다. 그러나 교육 참가자 수가 많아서 이 정도 인원으로 팀을 구성할 경우 팀 수가 너무 많아지면 강사가 팀들을 통제하기가 어렵게 되고 토론 활동 시간도 많이 소요된다. 이런 경우에는 8~10명으로 팀원 수를 늘려서 구성할 수도 있다. 다만 모두가 팀 활동에 적극적으로 참여할 수 있도록 강사가 적극 도와야 한다.

팀의 구성원은 다양하게 배분하는 것이 효과적이다. 성별, 연령별, 계층별, 지역별, 학력별, 흥미별로 다양한 특성을 지닌 사람들로 혼합하여 구성하도록 한다. 그래야만 팀원 간에 다양한 의견과 경험을 공유하게 되고 팀 활동을 보다 즐겁게 진행할 수가 있다. 팀 구성 시기는 강의를 시작하기 전에 미리 해 두는 것이 좋다. 강사가 사전에 교육 참가자 명부 및 인적사항을 확보하여 위에서 언급한 방법으로 팀을 구성하고 팀원을 배분한다. 또한 팀 수에 맞게 팀별로 좌석을 배치하고 강의 시작과 동시에 각자가 팀별로 착석하도록 한다. 사정상 강의 시작 전에 팀 구성이 용이하지 않은 경우는 강의 시작 시 또는 팀별 토론 시작 시 팀을 구성하여 진행할 수 있다.

(2) 팀워크 활동

일단 팀이 구성되면 팀원 간 서먹서먹한 분위기를 풀고 활기를 주기 위해 아이스 브레이킹(Ice Breaking: 친근감 나누기)을 겸한 팀워크 활동을 먼저 진행한다. 팀원 각자 자기소개, 팀명 만들기, 팀 그림 그리기, 팀 구호 만들기, 팀원 역할 부여하기 등의 활동을 진행하여 팀워크를 다질 수 있는 시간을 갖도록 한다. 이때 강사는 각 팀에 플립차트 또는 모조지, 칼라펜, 테이프, 기타 보조 재료를 배분하여 팀워크 활동 결과 시트를 작성하게 하고 부착하여 그 결과를 팀별로 발표하는 시간을 갖는다.

팀 리더, 기록자, 발표자 등 팀원의 역할 부여는 팀원들이 자율적으로 선정하게 하되 특별한 전문성을 필요로 하는 주제를 다루지 않는 한 팀원들이 돌아가면서 역할을 맡아서 하는 것이 학습효과가 높다.

(3) 팀 토론 활동

팀 토론을 실시할 때에도 도입, 전개, 종결의 3부 구성 단계로 진행하는 것이 효과적이다. 도입 단계에서는 강사가 먼저 토론 시작을 알리고 토론 주제, 토론 목적, 토론 시간, 토론 방법, 팀별 워크시트 작성 요령 등에 대해 설명한다.

전개 단계에서는 팀별 리더가 주관하여 토론 주제에 대해 자유롭게 토론하고 팀원들의 의견을 조정하여 그 결과를 배부한 플립차트 또는 모조지에 팀별 워크시트를 작성한다. 이때 강사는 팀별로 순회하면서 토론과제나 진행 요령에 관한 질문사항에 답변을 해주고 팀원 전체가 적극적으로 토론에 참여하도록 독려한다. 팀별 토론이 끝나면 팀별 워크시트를 부착한 다음 팀별로 발표를 진행한다.

종결 단계에서는 강사가 각 팀에서 발표한 내용을 요약·정리하고 이를 일반화·개념화하여 토론의 핵심 포인트를 각인시킨다. 토론 활동이 끝나고 나서 학습자는 팀별 워크시트를 사진으로 촬영하여 팀별 활동 자료를 보관하고 차후 학습 자료로서 활용하도록 한다.

13. 종결부 진행은 요약·정리와 함께 인상적으로

전개부에서 학습내용을 구체적으로 설명하고 이해시키며 설득하였으면 그대로 강의를 끝낼 것이 아니라 종결부 진행을 통해 학습내용을 잘 정리하고 마무리를 해야 한다. '최근효과(Recency Effect)'라는 말이 있다. 강의의 끝부분이 사람들의 기억에 가장 오래 남는 효과가 있다는 뜻이다. 자신의 강의에 대해 학습자에게 깊은 인상을 남겨서 그들의 지속적인 관심과 학습을 독려하려면 종결부 진행에 대해서도 치밀한 준비와 연습이 필요하다.

1) 요약(Review)

(1) 요약 및 정리

종결부에서는 먼저 전개부에서 다루었던 학습내용에 대해

전체상을 제시하면서 요약한다. 전체에서 부분으로, 부분에서 다시 전체로 반복해 주는 것은 커뮤니케이션의 기본이다. 요약하면서 중요한 메시지나 키워드를 다시 한 번 반복해 준다. 일목요연한 도해와 애니메이션 효과를 이용하여 요약해 주면 효과가 좋다. 주의할 점은 전개부에서 다루지 않았던 새로운 내용을 언급해서는 안 된다는 것이다.

(2) 질의 · 응답

요약한 다음에 강의 전체 내용에 대한 최종적인 질의 · 응답 시간을 설정하여 운영한다. 예를 들어 "지금까지 학습한 내용 중에서 이해가 안 되는 부분이 있거나 추가적인 의문사항이 있으면 질문해 주시기 바랍니다."와 같은 말로 질문을 유도하도록 한다.

(3) 시간관리

강사에게 강의 시간이 주어지는 것은 그 제한된 시간을 최대한 활용하여 하고 싶은 말을 다하라는 절대적인 조건이다. 강의 시간이 끝나면 학습자의 마음과 정신은 벌써 다른 곳으로 빠져 나가기 때문에 제시간에 끝내야 효과적이다. 아무리 강의 내용이 좋아도 주어진 시간을 넘겨서까지 강의하면 강사의 열정에 감동하기는커녕 강사의 자질이 떨어진다고 생각한다.

강의 시간을 관리하는 좋은 방법은 우선, 전개부의 내용을 조절하는 방법이 있다. 전개부에서 사용할 시간 대비 90% 정도의 강의 내용을 준비한다. 이와 함께 시간 조절용으로 추가 사례, 참고 사항 등을 준비해 두었다가 필요에 따라 삽입하거나 생략하여 여유 있게 강의를 진행한다. 다음은 종결부의 내용을 조절하는 방법이다. 종결부에 약간의 시간(5분 정도)을 추가로 배분하여 종결부의 강의를 여유 있게 진행하면서 마무리하는 것이 좋다. 강의 시간에 여유가 있을 때에는 요약 및 질의·응답, 재동기부여, 마무리 멘트 중 적절한 곳에서 시간을 길게 가져가고, 강의 시간이 모자랄 때는 짧게 갖도록 하여 시간을 조절한다.

2) 재동기부여(Remotivation)

도입부에서 동기부여를 위해 언급했던 본 강의 내용의 필요성 또는 중요성을 다시 한 번 강조하고 본 강의 내용을 잘 이해하고 현업에 적용했을 경우 얻게 될 이익과 효능을 다시 한 번 언급해준다. 또는 현업에 복귀하여 지속적인 사후 자율학습을 독려한다. 또한 역량 업그레이드를 위한 학습요령에 대해 설명해도 좋고 향후 심화학습을 위한 참고서적, 관련 사이트, 교육과정 등을 소개해 주는 것도 좋다. 교육 후 제공되는 추가정보, 관련 자료, 사후 모임 등에 대해서도 안내하고 차후 강사와의 상호작용을 위한 전화번호, 메일주소 등을 소개한다.

3) 결어(Closure)

학습자의 기억에 가장 깊고 오래 남는 것은 최후의 한마디 말이다. 영화를 보고 나서도 오랫동안 기억에 남는 것은 인상적인 마지막 장면인 경우가 많다. 강의의 극적 효과를 높이기 위해서 인상적인 표현으로 마무리를 하도록 하자.

(1) 명언 등 인용
명언, 시구(詩句), 동영상 등을 인용하면서 감동적으로 표현한다. 단 강의 내용과 연관되어야 하고 강사의 진심을 담아야 한다. 평소에 신문, 잡지, 서적, 인터넷 등에서 적당한 소재를 찾아 준비한다.

(2) 감성기법 활용
학습자의 마음을 움직이게 하고 깊은 인상을 남기려면 감성기법을 활용하는 것이 효과적이다. 이를 위해 이야기의 순서를 미리 정해두고 리허설을 철저히 실시한다. 배경음악이나 동영상을 적절하게 삽입하여 학습자의 감성을 자극하도록 한다. 특히 목소리에 변화를 주면서 천천히 또렷하게 말한다. 틈새기법(말 사이의 짧은 침묵)도 적극 활용한다. 또한 제스처를 과감하게 구사하고 목소리에 감정을 실어 전달하는 것이 효과적이다.

(3) 강의 마침, 감사 표시

학습자에게 희망을 줄 수 있도록 긍정적인 말로 격려하고 강의를 모두 마무리하는 멘트를 전달하며 감사의 뜻을 표시한다.

제5장 피드백을 통한 강의 업그레이드

피드백(Feedback)이란 전자 또는 컴퓨터 분야에서 출력 에너지의 일부를 입력 쪽으로 되돌리는 조작을 말하기도 하고 잘못을 고치기 위해 output의 일부를 input 측으로 되돌리는 것을 말하기도 한다. 또한, 정보·질문·서비스를 받는 측의 반응, 의견, 감상이라는 뜻으로도 쓰이고 있다. 강의 활동에서는 강사 본인 스스로의 평가, 학습자의 반응도평가 등을 통해 강사 스스로 잘한 점은 강화하고 잘못한 점은 그 보완책을 강구하여 다음 강의에 적극 반영함으로써 지속적으로 강의 품질을 개선해 나가는 활동이다.

미국의 조직 진단과 리더십 평가 분야 전문가인 조셉 포크먼 박사는 그의 저서 ≪피드백의 힘≫에서 "정말로 무능한 사람은 자신에 대한 피드백에 관심도 없고 그것을 받아들이지도 않는다. 세상에 완벽한 사람이란 없지만, 완벽을 추구하는 사람은 피드백을 지침으로 삼아 역량을 강화하기 위해 끊임없이 노력한다."라고 하였다. 강의피드백은 강의 역량을 끊임없이 업그레이드할 수 있는 중요한 학습의 기회가 된다.

1. 강사 자신에 대해 평가하기

　실제 강의를 마친 후 그날의 강의가 만족스러웠는지 여부를 강사 스스로 자신에 대해 평가해 보고, 다음 강의에서는 더 발전된 강의가 될 수 있도록 반성하는 시간을 갖도록 한다. 본인이 실시한 강의를 되돌아보면 강의 준비 단계에서의 문제점, 강의 중 수업 분위기, 학습자의 반응, 자신의 느낌 등에서 분명히 장단점을 파악할 수 있다. 이때 막연히 생각하는 것보다는 체크 항목을 만들어 글로 써가며 점검하는 것이 효과적이다. 이러한 피드백 자료는 다음 강의를 준비할 때나 강의역량을 업그레이드시키는데 아주 중요한 자료가 된다. 강의활동모형에 기반을 둔 각 단계별 점검 항목은 다음과 같다.

1) 3P 분석

- 학습자 분석은 적절했는가?
- 강의목적 분석은 적절했는가?
- 강의 장소 분석은 적절했는가?

2) 강의 설계

- 강의 제목은 학습자의 관심을 끌만 했는가?
- 학습목표는 학습자의 입장에서 구체적인 행동목표로 설정했는가?
- 강의 내용은 강의목적에 맞게 잘 선정되고 의미 있게 배열되었는가?
- 강의 방법은 강의목적에 맞게 잘 선택되고 강의 전략은 수립했는가?
- 교보재 활용방법은 잘 수립했는가?
- 만일의 사태에 대비한 리스크조치 계획은 수립했는가?

3) 교보재 개발

- 교재의 디자인은 적절했는가?
- 교재는 체계적이고 논리적으로 구성되었는가?

■ 교재 내용은 학습자 요구를 잘 반영하였고 실무(실생활)에 유익한가?

■ 교안은 강의를 위해 적절히 준비하였는가?

■ 강의 슬라이드의 디자인, 도해활용, 문장표현 등은 적절했는가?

■ 리허설은 단계별로 실시하였는가?

4) 강의 실시

(1) 공통스킬

■ 깔끔한 용모와 복장, 밝은 표정과 미소를 유지했는가?

■ 자신감을 갖고 열정적으로 강의했는가?

■ 목소리 크기, 속도, 발음 등은 적절했는가?

■ 자세, 제스처, 시선처리는 적절했는가?

(2) 도입부 실시

■ 주의집중을 위한 인사말, 친근감 나누기, 강사소개는 학습자의 관심을 끌었는가?

■ 동기유발과 학습의욕 고취를 위한 조치는 적절했는가?

■ 강의 전체 로드맵(Road map)을 보여주는 학습개요는 설명했는가?

(3) 전개부 실시

■ 학습자의 주의력을 끌기 위한 다양한 방법들을 시도했는가?

■ 알기 쉽게 설명했는가?

■ 드라마 기법 및 예화 활용은 적절했는가?

■ 감성기법은 적절하게 활용했는가?

■ 질문화법을 이용한 학습자와의 상호작용이 원활했는가?

■ 판서 및 기타 교보재 활용은 잘 이루어졌는가?

(4) 종결부 실시

■ 전체 내용을 요약하고 질의·응답은 실시했는가?

■ 재동기 부여를 위한 조치는 실시했는가?

■ 마무리 멘트는 인상적으로, 감동적으로 실시했는가?

■ 강의 시간관리는 적절했는가?

이상과 같은 각 단계별 점검 항목에 따라 강의 준비 단계에서부터 강의 실시 마무리에 이르기까지 강사 스스로를 평가해 보고 개선점을 모색한다.

2. 반응도 평가 체크하기

반응도 평가는 커크패트릭(Kirkpatrick)의 4단계 평가모형 중 1단계 평가인 반응(Reaction)평가에 해당하는 것으로서 일반적으로 교육프로그램을 실시한 직후에 실시한다. 교육 담당자가 학습자에게 설문지를 배부하거나 컴퓨터를 활용하여 평가 영역별로 객관식 질문 문항(예를 들어 5점 척도이면 매우불만족-1점, 불만족-2점, 보통-3점, 만족-4점, 매우만족-5점 체크)과 주관식 질문 문항을 부여하여 교육만족도를 평가한다.

평가영역은 학습자의 학습동기나 학습준비에 관한 사항을 물어보는 학습자 요인, 강사의 준비 정도와 강의 기법을 물어보는 강사요인, 교육내용의 구성, 수준, 가치 등을 물어보는 교육내용 요인, 교육프로그램의 기간, 일과편성, 휴식시간의 적절성 등을 물어보는 학습위생 요인, 수강인원의 적절성, 강의실, 교보재, 식사, 간식 등 지원 등에 관한 것을 물어보는 학습환경 요인 등이 있다.

강의피드백과 관련하여 우리가 특히 관심을 가져야 할 영역
은 강사요인과 교육내용 요인으로서 구체적인 질문 항목들은
다음과 같다.

1) 강의 준비

- 강사는 강의계획서 또는 강의시간표에 따라 적절하게 수업을
  진행하였습니까?
- 강사는 수업을 위한 교재와 자료를 적절하게 제공하였습니까?
- 강사의 강의 준비는 적절하였습니까?

2) 강의 진행

- 강사는 수업을 열정적으로, 성실하게 진행하였습니까?
- 강사는 다양한 강의기법을 활용하였습니까?
- 강사는 수업내용을 알기 쉽게 효과적으로 전달하였습니까?
- 강사는 학습자의 적극적인 참여를 유도하였습니까?

3) 교육내용

- 학습목표의 명확성, 시간배분, 일관성 등의 교육내용 구성은

적절하였습니까?

- 교육내용의 수준은 적절하였습니까?
- 이 수업은 전반적으로 학습자에게 유익하였습니까?
- 이 수업의 전반적인 만족도는 어느 정도입니까?

4) 기타 의견(주관식)

- 이 수업에서 좋았던 점, 개선되기를 바라는 점에 대해 자유롭게 기술하여 주십시오.

강사는 이러한 반응도평가 결과 자료를 확보하여 강의 관련 내용에 대한 분석을 통해 문제점을 도출해 내고 자신의 강의에 대한 수정 및 보완을 위한 의사결정 자료로 활용한다.

3. 강의 업그레이드를 위한 방법들

강의역량은 한두 번의 교재 학습이나 교육프로그램 참가로 단시간에 길러지는 것은 아니다. 일단 강의 기본기를 익힌 다음 지속적으로 업그레이드를 위한 연습과 실천이 꼭 필요하다. 이와 관련하여 강의를 업그레이드 시킬 수 있는 요령을 제시하면 다음과 같다.

첫째, 강의피드백 자료를 활용하는 것이다. 강의를 실시할 때마다 강사 자신에 대해 평가해본 강의평가 셀프체크리스트 자료와 반응도 평가 자료를 잘 기록하여 보관한다. 이 자료가 쌓이면 좋은 경험학습 자료가 된다. 이후 다른 강의 준비 과정에서 강의피드백 누적자료들을 재확인하고 강의에 반영시키는 활동을 지속적으로 수행한다. 또한 회사 내에서 학습동아리 또는 워크숍 행사를 정기적으로 또는 수시로 실시하여 강의 관련 지식, 정보, 경험 등을 공유하고, 직원들이 돌아가면서 연구

강의를 실시하여 다른 사람으로부터의 솔직한 지적, 충고, 의견 등을 적극적으로 받아들여 피드백의 기회로 삼고 이를 실전 강의에 반영시킨다.

둘째, 강의 벤치마킹이다. 기업교육 관련 협회, 포럼, 또는 교육컨설팅 기업 등에서 주관하는 공개세미나에 참가하여 유명강사나 전문강사의 강의기법을 보고 익히는 것이다. 예를 들어 사단법인 한국강사협회에서는 분기별로 명강사초청세미나를 개최하고 있다. 이 행사에서는 매회 3명의 유명강사를 초빙하여 주제별 특강을 실시하는데 유익한 내용을 학습할 수 있을 뿐만 아니라 그분들의 훌륭한 강의기법을 보고 배울 수 있는 아주 좋은 기회가 된다. 또한 여러 방송에서 진행하는 방송 강의도 강의 벤치마킹의 대상이 된다. 적극적으로 관심을 가지고 시청하면 강의 업그레이드에 많은 도움이 된다.

셋째, 지속적인 자기개발이다. 강사는 평소 부단한 연구 및 학습이 필요하다. 환경변화, 사회적 트렌드, 조직의 전략, 업무 추진 방향, 주요 이슈 등에 대해 항상 관심을 갖고 이를 강의에 반영하는 노력이 필요하다. 다양한 독서를 통해 강의 자료를 수집하고 실생활에서도 신문, 방송, 인터넷 등을 통해 현장의 목소리, 사례 등을 수시로 수집하여 이를 강의에 접목시키는 노력을 해야 한다. 이론과 실무를 겸비하기 위해 대학원 석·박사 학위과정에 도전하는 것도 권장할 만하다. 그리고 무엇보다도 중요한 것은 강의 활동에 대한 소명의식, 열정, 자신감

이 충만한 태도를 가지고 끊임없이 도전하고 실천해야 한다는
점이다.

에필로그

누구나 강사 되기를 조직의 학습문화로!

필자는 이 책을 통해, 강의는 소수 특정한 사람들의 전유물이라는 고정관념을 깨고 누구나 강사가 될 수 있다는 새로운 패러다임을 전파하고자 하였다. 이러한 생각을 가지고 강의 기본기를 잘 익혀서 연습하고 따라 하면 누구나 훌륭한 강사가 될 수 있다는 점을 다시 한 번 강조한다. 또한 탁월한 인재로 성장하기 위해서 회사 임직원 누구나 강사가 되어야 하는 필요성을 알리고자 하였다. 자신의 직무 분야에 대한 강의를 준비하고 실시하는 과정을 통해 전문성을 키울 수 있고 프레젠테이션, 소통 능력을 향상시킬 수 있다. 조직 차원에서도 모든 임직원의 강의 활동을 제도화하여 지식을 습득하고 공유해 나간다면 조직 전체의 지식경쟁력을 지속적으로 높여갈 수 있다.

이러한 장점을 살려가려면 최고경영자가 먼저 나서야 한다.

최고경영자 먼저 누구나 강사 되기의 중요성을 인식하고 이를 실천해야 한다. 이 책에서 제시하고 있는 강의 기본기를 배우고 익혀 내·외부 강의, 발표, 회의 등의 경영활동에서 이를 적극적으로 활용하는 모범을 보여야 한다.

조직의 전체 임직원에게 누구나 강사 되기를 적극 권장하여 조직의 학습 문화로 연결시키는 노력도 필요하다. 독서경영을 시행하고 있는 회사라면 정기적으로 전 임직원에게 권장도서를 선정하여 배부하고, 임직원들은 이를 읽고 나서 책 속의 핵심 내용, 메시지 및 실무 적용 아이디어 등에 대해 강의를 하도록 하는 제도를 운영할 수 있다. 단지 독후감을 제출하는 것이 아니라 독후감 내용을 직접 강의하게 함으로써 누구나 강사 되기를 실천하게 할 수 있다.

지식경영을 실천하고 있는 조직이라면 임직원들이 지식, 노하우, 업무개선 아이디어 등을 단지 제출하거나 지식경영시스템에 올리는 일에 그치지 않고 이를 임직원 앞에서 강의하게 하는 제도를 운영할 수 있을 것이다. 물론 공정한 평가와 다양한 보상이 반드시 따라야 한다. 그래야 임직원의 관심과 참여를 유도할 수가 있다.

요즘 방송가에서 화제가 되고 있는 서바이벌 오디션 프로그램과 같이 조직 내에서 강의 경연대회를 실시하여 누구나 강사 되기에 대한 전 임직원의 관심과 실천을 유도하는 것도 권장할 만한 좋은 방법이다. 지역별 또는 부서별 강의 경연 예선을 거쳐 연말에 강의 경연 본선을 실시하여 강의 챔피언을 선발한다. 동시에 이 행사를 지식 축제의 장으로 만들어 조직의 학습문화로 정착시키는 방법이다.

'사원부터 사장까지 누구나 강사 되기'를 적극적으로 실천하자. '탁월한 인재로 키워주는 누구나 강사 되기'를 실천하자. 이것은 모든 임직원 각자의 역량을 키워줄 뿐만 아니라 조직 경쟁력을 높여주는 지름길이다. 우리 모두 함께 외쳐보자. "나는 탁월하다!" "나는 인재다!" "나는 강사다!"

부록 강의 설계·피드백을 위한 도구 양식

3P 분석 체크리스트

구분		분석 결과	강의 시 유의점
People 분석	조직 현황		
	직무 및 과제		
	사전지식, 경험		
	요구(needs)		
	학습자 수		
	연령		
	성별		
	지식수준		
Purpose 분석	지식, 정보 전달( )%		
	기술 전달 ( )%		
	설득( )%		
	동기부여 ( )%		
	기타( )%		
Place 분석	위치 분석		
	강의실 분석		
	설비·비품 분석		
	기타		

부록 2.

강의 설계서(2-1)

강의 개요	• 업체(부서)명 : • 일시 : • 장소 : • 대상 : • 주제 :			
강의 제목				
학습 목표	• • •			

강의 내용		구분	내용	시간	강의방법
	도입	• 주의집중 • 동기부여 • 학습개요	• • •		
	전개	대항목 1(1장)	• • •		
		대항목2(2장)	• • •		
		대항목3(3장)	• • •		
	종결	• 요약 및 Q/A • 재동기부여 • 결어	• • •		

강의 설계서(2-2)

구분		적용 대상(시점)	강의 시 유의점
강의전략	조직화 전략		
	친밀성 전략		
	상호작용 전략		
	기타 전략		
교보재 활용 계획	강의 슬라이드		
	음악		
	동영상		
	화이트보드 (칠판)		
	기타 교보재 준비 사항		
리스크 조치 계획	USB, 외장하드		
	포털, 클라우드		
	예비노트북		
	리스크 조치 시나리오		
기타 준비사항			

강의평가 셀프체크리스트(2-1)

자기평가기준 : 1. 매우 불만족   2. 불만족   3. 보통   4. 만족   5. 매우 만족

구분	체크 내용	평점	개선점
3P 분석	❑ 학습자 분석은 적절했는가? ❑ 강의 목적 분석은 적절했는가? ❑ 강의 장소 분석은 적절했는가?	1 2 3 4 5 1 2 3 4 5 1 2 3 4 5	
강의 설계	❑ 강의 제목은 학습자의 관심을 끌만했는가? ❑ 학습목표는 학습자의 입장에서 구체적인 행동목표로 설정했는가? ❑ 강의 내용은 강의 목적에 맞게 잘 선정되고 의미 있게 배열되었는가? ❑ 강의 방법은 강의 목적에 맞게 잘 선택되고 강의전략은 수립했는가? ❑ 교보재 활용방법은 잘 수립했는가? ❑ 만일의 사태에 대비한 리스크조치 계획은 수립했는가?	1 2 3 4 5 1 2 3 4 5 1 2 3 4 5 1 2 3 4 5 1 2 3 4 5 1 2 3 4 5	
교보재 개발	❑ 교재의 디자인은 적절했는가? ❑ 교재는 체계적이고 논리적으로 구성되었는가? ❑ 교재 내용은 학습자 요구를 잘 반영하였고 실무(실생활)에 유익한가? ❑ 교안은 강의를 위해 적절히 준비하였는가? ❑ 강의 슬라이드의 디자인, 도해활용, 문장 표현 등은 적절했는가? ❑ 리허설은 단계별로 실시하였는가?	1 2 3 4 5 1 2 3 4 5 1 2 3 4 5 1 2 3 4 5 1 2 3 4 5 1 2 3 4 5	
기타 의견			

강의평가 셀프체크리스트(2-2)

구분	체크 내용	평점	개선점
강의 실시 공통 스킬	☐ 깔끔한 용모와 복장, 밝은 표정과 미소를 유지했는가? ☐ 자신감을 갖고 열정적으로 강의했는가? ☐ 목소리 크기, 속도, 발음 등은 적절했는가? ☐ 자세, 제스처, 시선처리는 적절했는가?	1 2 3 4 5 1 2 3 4 5 1 2 3 4 5 1 2 3 4 5	
도입부 실시	☐ 주의집중을 위한 인사말, 친근감 갖기, 강사소개는 학습자의 관심을 끌었는가? ☐ 동기유발과 학습의욕 고취를 위한 조치는 적절했는가? ☐ 강의 전체 로드맵(road map)을 보여주는 학습개요는 설명했는가?	1 2 3 4 5 1 2 3 4 5 1 2 3 4 5	
전개부 실시	☐ 학습자의 주의력을 끌기 위한 다양한 방법들을 시도했는가? ☐ 알기 쉽게 설명했는가? ☐ 드라마 기법 및 예화 활용은 적절했는가? ☐ 감성기법은 적절하게 활용했는가? ☐ 질문화법을 이용한 학습자와의 상호작용이 원활했는가? ☐ 판서 및 기타 교보재 활용은 잘 이루어졌는가?	1 2 3 4 5 1 2 3 4 5 1 2 3 4 5 1 2 3 4 5 1 2 3 4 5 1 2 3 4 5	
종결부 실시	☐ 전체 내용을 요약하고 Q/A는 실시했는가? ☐ 재동기부여를 위한 조치는 실시했는가? ☐ 마무리 멘트는 인상적으로, 감동적으로 실시했는가? ☐ 강의 시간관리는 적절했는가	1 2 3 4 5 1 2 3 4 5 1 2 3 4 5 1 2 3 4 5	
자기 평가 종합 의견			

강의피드백 체크리스트(실습강의용)

강의 일시	20 . . (~)	강의 제목		강사	

항목			내용	장점	개선점
교 보 재	교재		• 교재준비는 적절한가? (디자인, 체계성, 유익함)		
	슬라이드		• 강의 슬라이드는 적절한가? (틀, 내용작성, 도해, 디자인, 간결)		
	기타 자료		•		
강 의 실 시	도입		• 강의 제목은 관심을 끌만한가? • 주의집중(친근감,강사소개)은? • 동기부여(중요성,학습목표)는? • 학습개요는 명료하게 제시했는가?		
	전 개	내 용	• 강의내용 선정·배열은 적절한가? • 내용 숙지도 및 연결은 적절한가?		
		강 의 진 행	• 알기 쉽게 설명하는가? • 드라마기법(예화,유머)은? • spot기법, 감성기법은 적절한가? • 상호작용은 적절한가? • 교보재(판서, 마이크 등) 활용은?		
	종결		• 요약/질의·응답은 적절한가? • 재동기부여는 적절한가? • 마무리 멘트는 효과적인가? • 시간관리는 적절한가?		
공 통 스 킬	성실성		• 열정과 의욕을 느끼게 하는가? • 성실하고 자신감이 있는가?		
	태도		• 용모, 복장은 적절한가? • 표정과 미소는 적절한가?		
	표현력		• 목소리 크기 및 변화는 적절한가? • 발음, 속도 및 완급 조절은? • 불필요한 반복어 사용 여부는? • 자세 및 강단사용은 적절한가? • 제스처 구사는 적절한가? • 시선처리는 적절한가?		
종합의견					

참고문헌

권영성(2006). 「대학의 강의식 수업에서 교수의 효율적인 교수행동 요인 분석」. 박사학위논문. 연세대학교 대학원.

기영화(2008). 『평생교육방법론』. 서울: 학지사.

김경섭, 유제필(역)(2004). 『밥 파이크의 창의적 교수법』. 밥 파이크. 경기도 파주: 김영사.

김경태(2006). 『스티브 잡스의 프레젠테이션』. 서울: 멘토르.

김경태(2007). 『김경태의 실전 프레젠테이션 11-Step』. 서울: 멘토르.

김경태(역)(2006). 『엑설런트 프리젠터』. 티모시 J 케이글. 서울: 멘토르.

김병민(역)(2007). 『먼저 청중의 관심을 유도하라』. 데일 카네기. 서울: 인크리션.

김윤수(역)(2010). 『3의 마법』. 노구치 요시아키. 서울: 다산북스.

김은성(2007). 『마음을 사로잡는 파워스피치』. 서울: 위즈덤하우스.

김종표, 이복희(2005). 『실전 명강의 교수법』. 경기도 파주: 양서원.

김지완(2009). 『무엇이든 해내는 슈퍼맨 실천법 30』. 경기도 파주: 김영사.

김해원(2009). 『영혼을 훔치는 강의의 기술』. 경기도 파주: 도서출판 아름다운 사람들.

김홍식외(1992). 『강의기법』. 서울: 한국주택은행연수원.

나상억(역)(1996). 『프리젠테이션 박사』. 야하라 히로시. 서울: 21세기북스.

나상억(역)(2003). 『최신개정판 프리젠테이션 박사』. 야하타 히로시. 서울: 북21.

노진경(2009). 『프리젠테이션마스터 A-z』. 경기도 파주: 한국학술정보.

노혜란, 최미나(2004). 「인적자원개발을 위한 교수 역량(teaching competency) 모델 개발」. 직업능력개발연구, 7(2), 1-28.

류석우(2004). 『세계 최고의 명강사를 꿈꿔라』. 서울: 씨앗을 뿌리는 사람.

민동용(2003). 「분위기 메이커 이야기 꾼들의 세계」. 동아일보(2003. 12. 26)

송경근(역)(2006). 『태도가 이끄는 성공』. 리 J 콜란. 서울: 한언.

송민열(2005). 『사내강사 매뉴얼』. 서울: 뉴패러다임센터.

송민열 외(2010). 『평생교육론』. 서울: 학지사.

송숙희(2007). 『당신의 책을 가져라』. 경기도 파주: 국일미디어.

안진환, 박슬라(역)(2009). 『스틱! 칩 히스, 댄 히스』. 서울: 웅진씽크빅.

오병곤, 홍승완(2008). 『내 인생의 첫 책쓰기』. 서울: 위즈덤하우스.

우지은(2009). 『목소리, 누구나 바꿀 수 있다!』. 경기도 고양: 위즈덤하우스.

위형철(2004). 「교수기법의 효율적 활용을 통한 기업교육성과 제고 방안」. 석
        사학위논문. 부산대학교 경영대학원.

유리타(역)(2008). 『보컬파워. 아서 조세프』. 서울: 다산북스.

윤영삼(역)(2006). 『Ha Ha Ha! 유머교수법』. 도니 탬블린. 서울: 다산북스.

이경화, 최병연, 김정희(역)(2006). 『교수학습의 이론과 실제』. 마가렛 그레들
        러. 서울: 아카데미프레스.

이광철(역)(2007). 『굿바이! 떨림증』. 아소 켄타로. 서울: 다산북스.

이석호(2008). 『기업은 학교보다 지독한 곳』. 아코노미스트, 925호

이소아(2011). 『일방적 명령화법은 '기업성장의 독'』. 매일경제(2011.4.2).

이어령(2009). 『한국인 이야기<13>』. 중앙일보(2009.4.22)

이의용(2010). 『잘 가르치는 교수』. 서울: 쌤앤파커스.

이종훈(역)(2003). 『변화역량을 키우는 피드백의 힘』. 조셉 포크먼. 서울: 대한
        교과서.

이지훈(2010). 『혼·창·통 당신은 이 셋을 가졌는가?』. 서울: 쌤앤파커스.

임재서(역)(2008). 『사람의 마음을 얻는 말』. 버락 오바마, 리자 로가크. 서울:
        중앙북스.

이훈범(2011). 『개도 먹기 전에 꼬리를 먼저 흔든다』. 중앙일보(2011. 5. 7).

장용진(2002). 『프리젠테이션 모든 것』. 서울: 청림출판.

전기정(2005). 『대한민국은 혁신중』. 서울: 웅진씽크빅(리더스북)

전도근(2009). 『명강사를 위한 명강의 전략』. 서울: 학지사.

정유선(역)(2005). 『프리젠테이션은 말하는 힘으로 결정된다』. 후쿠다 다케시.
        서울: 바른지식.

정은지, 허연(역)(2009). 『유혹하는 프레젠테이션』. 아마노 노부코. 서울: 도서
        출판예문.

정재삼(2000). 『수행공학의 이해』. 서울: 교육과학사.

조관일(2006). 『깔깔깔 강의유머 기법』. 서울: 위즈덤하우스.

조벽(2009). 『조벽 교수의 명강의 노하우&노와이』. 서울: 해냄출판사.

최병권(2003). 『멘토링 제도 어떻게 운영해야 하나』. LG주간경제(2003. 2. 26).

태인영(역)(2007). 『사람을 움직이는 리더의 대화법』. 수잔 베이츠. 서울: 더난
        출판.

하영목, 최은석(2007). 『프레젠테이션의 정석』. 서울: 팜파스.

황안숙(1999). 『무한경쟁시대의 인적자원개발』. 서울: 양서원.

휴넷(2010). 『리더육성과 모두가 리더 되는 조직』. 휴넷 MBA.

Fry, H., Ketteridge, S. & Marshall, S.(2003). *A handbook for teaching and learning in higher education*. London: Kogan Page.

Leaderpia(2008). 『목표에 집착하는 리더들의 종말』. Leaderpia, September.

OECD(2000). *Knowledge management in learning society*. Paris: OECD.

Rechard, A. S.(2001). *Training for performance system(Field handbook)*. University of Minnesota.

Teeters, J.(2001). *Teach with style: a comprehensive system for teaching adults*. St. Paul: Redleaf Press.

Parry, S. R(1999). The quest for competencies: competency studies can help you make HR decision. *Training,* 33(7), 48-56.

교육프로그램 안내

◎ 과정명

탁월한 인재로 키워주는 누구나 강사 되기

◎ 학습목표

1. 누구나 강사 되기의 필요성과 강의 기본기에 대해 설명할 수 있다.

2. 치밀한 강의준비 방법을 실천할 수 있다.

3. 효과적인 강의실시 기법을 현장에서 적용할 수 있다.

◎ 과정 운영

교육 대상	• 기업체 임직원, 공무원, 학생 등 강의 기본기와 효과적인 강의기법을 개발하고자 하는 모든 사람
교육 시간	• 2일(16시간)을 기본으로 하되 고객의 요청에 따라 적절히 조정
교육 장소	• 별도로 지정한 장소
신청 문의	• 열정학습연구소 소장/평생교육학 박사 송민열 HP: 010-7608-1918 Tel: 070-7123-5602 E-mail: tenistar@paran.com

송민열 ──

숭실대학교대학원을 졸업하고 평생교육학 박사학위를 취득하였으며 현재 열정학습연구소 소장으로서 평생교육 및 인적자원개발 분야에서 강의와 컨설팅 활동을 수행하고 있다. 전문 분야는 강사양성 및 교수기법, 프레젠테이션, 리더십, 평생교육 및 HRD이다. (사)한국강사협회 이사 및 한국산업인력공단 HRD 전문위원으로도 활동하고 있다. 20여 년 동안 KB 국민은행에 근무하면서 영업점 직원, 본부부서 책임자, 연수원 교수, 콜센터 교육팀장 등 다양한 경력을 쌓았으며, 대통령자문위원회에 2년간 파견되어 평생교육 관련 정책개발, 컨설팅, 강사양성 등의 업무를 수행하였다. 5년 전 평생교육 전문가의 길을 가기 위해 은행을 퇴직하고 독립하여 1인 평생교육 기업가로서 지금까지 많은 기업, 정부기관, 대학교 등에서 강의와 컨설팅 활동을 하고 있다. 저서로는 《사내강사 매뉴얼》, 《강의기법 키 포인트》가 있으며, 공저로서 《평생교육론》이 있다.

탁월한 인재로
키워주는 누구나
강사 되기

초 판 인 쇄 | 2011년 7월 30일
초 판 발 행 | 2011년 7월 30일

지 은 이 | 송민열
펴 낸 이 | 채종준
펴 낸 곳 | 한국학술정보㈜
주　　　소 | 경기도 파주시 교하읍 문발리 파주출판문화정보산업단지 513-5
전　　　화 | 031) 908-3181(대표)
팩　　　스 | 031) 908-3189
홈 페 이 지 | http://ebook.kstudy.com
E - m a i l | 출판사업부　publish@kstudy.com
등　　　록 | 제일산-115호(2000. 6. 19)

ISBN　　　978-89-268-2438-2 03320 (Paper Book)
　　　　　978-89-268-2439-9 08320 (e-Book)

이담 Books 는 한국학술정보(주)의 지식실용서 브랜드입니다.